DIOS. DONES. TÚ.

Un Estudio de Seis Semanas

Tu llamado y diseño único

Shirley Giles Davis

Todas las referencias bíblicas son tomadas de la Nueva Versión Internacional de la Biblia, 2011, por Zondervan, a menos que se indique lo contrario.

Imagen de portada e ilustraciones interiores de stock.Adobe.com con permiso.

Diseñado por Ashley Matthews de studioannaboulder.com.

Rediseñado para Dios Dones Tú por Bree Van Dyke.

Estoy inmensamente agradecida de Anna Strom de Jiménez por su trabajo traduciendo la mayor parte de este libro al español (con la ayuda de su esposo Guillermo, su madre y Graciela Zúñiga).

Dedicatoria

A Maggie, por enseñarme y mostrarme cómo se ve el Discernimiento de muchas maneras significativas y desafiantes.

A Nancy, por demostrar Misericordia y coraje todos los días y siempre. He aprendido mucho de lo que es la misericordia al hacer la vida junto contigo.

Para Debby, tu don de Conocimiento está constantemente presente y siempre es útil. Cuento contigo para eso.

Para Grace y Allie, que me inspiran a diario mientras que buscan fiel y ávidamente sus llamados. Me asombra que vean los obstáculos no cómo limitaciones, sino como desafíos que deben superarse.

Gracias a cada uno de ustedes por escuchar la voz de Dios y por vivir de acuerdo con su vocación y diseño único.

Agradecimientos

Estoy en deuda con la reverenda Gwen Brown que me pidió que sirviera en uno de los primeros equipos de laicos en la Primera Iglesia Presbiteriana de Boulder, y a ese equipo (Shelley, Kris, Alan Gwen, Diana, Beth, Sally y Mónica) que vivió un ejemplo fabuloso del Cuerpo de Cristo. ¡Cada persona trajo dones únicos, pasión y habilidades a ese Equipo de Ensueño! Era un momento en el tiempo—Dios claramente trabajando en nosotros y a través de nosotros.

Estoy agradecido con el reverendo Don Meeks, quien me pidió que tomara la dirección del ministerio de "Equipar-Conectar-Servir", y se negó a aceptar mi "no" como respuesta. Por seis meses mi "haré esto como consultora y luego puedes contratar a la persona adecuada" se ha convertido en más de 19 años increíbles en la iglesia que también es mi familia y mi hogar. La insistencia posterior de Don a que creara el Equipo de Oración de ECS antes de lanzar el ministerio fue el consejo más frustrante, y a la vez más sabio. ¡Las oraciones fieles de ese equipo inicial de siete personas (ahora más de 50) atrajeron el poder, la presencia, la guía y la actividad de Dios a nuestros esfuerzos de capacitación—y me asombro de como Dios quitó obstáculos y otorgó bendiciones! El Señor continúa trabajando poderosamente a través de este dedicado equipo de guerreros de oración.

Estoy agradecida por mi esposo que me apoyó en este trabajo que fue adicional a mi trabajo como consultora. Fue un gran promotor de que yo redujera los compromisos menos esenciales para concentrarme en equipar a otros para servir en la iglesia y más allá.

Mi gratitud es ilimitada a la congregación de La Primera Iglesia Presbiteriana de Boulder y a numerosas iglesias que me han permitido ayudar a capacitar a las congregaciones para servir. Desde mi primera enseñanza sobre la práctica del amor en el Cuerpo de Cristo hace más de 20 años, hasta la escritura de este libro, el ministerio de capacitación me ha proporcionado un valioso laboratorio de aprendizaje y un asiento en primera fila para ver lo que Dios está haciendo en y a través de Su pueblo.

Sobre todo, Dios merece la gloria-por el llamado, por la capacitación, por la dotación de dones, por la corrección, por cualquiera de los resultados del ministerio "Equipar-Conectar-Servir". El Cuerpo de Cristo es idea de Dios. Los Dones Espirituales son las herramientas de SU plan. El llamado es parte de cómo nos empodera y nos dispersa en todos los escenarios, a nivel local y global.

Gracias a los miembros actuales y anteriores del equipo de ECS por su compromiso y guianza fiel, perspicaz y llena de oración todos estos años: Eric Erickson, Curt Hill, Willie Knierim, Jane Pampel, Ashley Matthews, Judy Pierce, Allan Harvey, Betsy Remnant y Jen Koschmann.Gracias a Lonni Pearce, Lynnie Parr y Allan Harvey por su experiencia en edición de libros de trabajo, y a Jane Pampel, Deb Gregory y Judy Pierce por ser conejillos de indias "de tarea". Muchas gracias al equipo de desarrollo de evaluación: Alan Brockett, Jen Koschmann y Allan Harvey. La gratitud de lo más profundo de mi corazón va a mi diseñadoras gráfica con talentos múltiple: God. Gifts. You. diseñado por Ashley Matthews de studioannaboulder.com; Dios. Dones. Tú. diseñado por Bree Van Dyke de bhoddie@gmail.com. ¡Para el brillante Alan Brockett que regresó al equipo para ayudarnos a navegar en la creación del inventario en línea, simplemente no hay palabras adecuadas de elogio! Estoy inmensamente agradecida de Anna Strom de Jiménez por su trabajo traduciendo la mayor parte de este libro al español (con la ayuda de su esposo Guillermo, su madre y Graciela Zúñiga).

Contenido

Introducción

$\mathcal{E}$l deseo de mi corazón y mi trabajo durante más de veinte años (de hecho, tal vez parte de mi ADN espiritual desde el nacimiento) ha sido ayudar a las personas e iglesias a descubrir el llamado de Dios, descubrir sus dones y qué les motiva, así como vincularlo a todos los aspectos de sus vidas.

Después de haber enseñado y facilitado innumerables conversaciones y clases sobre dones espirituales y llamado en los últimos años, he deseado un libro como este. Este libro está diseñado como una guía de estudio y como un recurso—para personas, grupos pequeños e iglesias enteras—que buscan profundizar en la comprensión y la vivencia del mandato bíblico de ser el Cuerpo de Cristo.

Todo el contenido está basado en la Escritura. La Palabra de Dios es rica en información e inspiración. Invierte tiempo mirando los versículos y saturándote de lo que Dios dice de ti, sobre los dones, sobre el llamado y sobre el deseo de Dios para su iglesia: su pueblo reunido y disperso.

Cómo usar estos materiales

Este libro de trabajo está diseñado como un estudio para seis semanas. Hazlo como individuo o en un pequeño grupo donde tengas apoyo, afirmación, responsabilidad y la sabiduría del grupo. Llévalo a tu iglesia como una serie para mujeres, un estudio de hombres, un curso de adultos o parejas jóvenes, una clase de la Escuela Dominical o como una serie para toda tu congregación.

Cada semana está diseñada con tareas diarias. Planea apartar 20-40 minutos cada día para responder a las preguntas, para reflexionar sobre lo que significan para ti, y para conversar con Dios. Hay guías semanales de discusión para grupos pequeños para ayudar a enfocar su conversación.

La primera vez que se reúnan, asegúrense de que cada participante tenga un libro de trabajo de Dios. Dones. Tú.

- Individualmente haz las tareas de la semana.
- Reúnete con su pequeño grupo para discutir.

Beneficios de realizar este estudio

Este estudio te ayudará a conocer más acerca de tu llamado único, de la iglesia como el Cuerpo de Cristo, tus propios dones espirituales y la mejor manera de servir al Señor en la iglesia, tu familia, tu lugar de trabajo, la comunidad y el mundo.

Conocer tu llamado y los dones que Dios te ha dado puede ayudarte a concentrarte en un servicio significativo y satisfactorio, a la vez que te da la libertad y el permiso para decir "no" a demasiados compromisos dispersos que drenan la vida. Puedes obtener claridad en tu llamamiento y experimentar el placer de Dios al vivir en tus dones y saber que estás teniendo un impacto para la eternidad.

Para las iglesias que desean ver un compromiso más significativo de sus miembros, este estudio puede ser un alterador de la cultura. Trabajar a través de las Escrituras, los conceptos y las sesiones de enseñanza en *Dios. Dones. Tú.* puede ayudar a elevar el voluntariado rutinario a un servicio totalmente comprometido. Podrías ver a las personas revitalizadas mientras abrazan sus pasiones. A medida que las personas utilicen sus dones recién descubiertos, se sentirán más conectados con lo que Dios está haciendo dentro y a través de ellos. Y tu iglesia puede experimentar una mayor unidad a medida que explora la diversidad del diseño único de cada persona.

Para aquellos de ustedes que ya conocen sus dones y se preguntan si tomar tiempo con este libro vale la pena, tengan en mente que:
- Nuestros llamamientos pueden cambiar con el tiempo y nuestros dones también.
- Debemos estar continuamente preguntando a Dios, a lo largo de nuestra vida, cómo desea que usemos nuestros dones.
- Un papel clave para aquellos que pueden estar un paso adelante en la comprensión de los dones es reconocer, nombrar, identificar y afirmar los dones en los demás.
- Pasamos muy poco tiempo hablando del llamado universal y el llamado individual de Dios sobre nuestras iglesias y sobre nosotros mismos. Este estudio ayuda a enfatizar esos conceptos.

Una aventura

Dios. Dones. Tú. te llevará en un viaje para descubrir tu propia vocación y diseño único. Eres hecho a la medida por un Dios amoroso. Ven a experimentar nueva libertad y disfruta del placer de Dios mientras te alineas con la forma en que Él te ha hecho. ¡Entremos en esta aventura!

Introducción a la primera semana:

• •

Si están en un grupo grande, divídanse en grupos de 5 a 6 personas. Consideren la posibilidad de tener los mismos grupos durante las seis semanas.

Asignen un facilitador para cada grupo, alguien que ayude al grupo a trabajar en las preguntas y terminar a tiempo.

Introducción:
*   ¿Cómo te llamas?
*   ¿Dónde vives?
*   ¿Cuánto tiempo has participado en estudios en grupos pequeños?

Una vez que todos han tenido la oportunidad de compartir, pidan a cada persona que:
*   Le cuente al grupo una cosa sobre su vocación o que hace durante la semana.
*   Le cuente al grupo algo sobre su familia y/o su pasatiempo favorito.

Por último, pidan a cada persona que comparta:
*   ¿Qué es una cosa que espera aprender durante estas seis semanas estudiando a *Dios. Dones. Tú.*?
*   Anime a los participantes a anotar "esa cosa" abajo:

Cierren su tiempo juntos en oración.

NOTAS

Semana Uno

El Llamado

ictionary.com define "llamado" como vocación, profesión u oficio. También tiene el significado de una llamada o una convocación, un fuerte impulso o inclinación, o incluso una convocatoria o reunión de un grupo. "Llamar" puede ser un sustantivo (como en las definiciones anteriores) o un verbo, que significa clamar, gritar, mandar, pedir venir, invitar, o incluso "despertar del sueño, como por una llamada; despertar".[1]

En cada caso, el sentido es una invitación o una citación, ya sea alejarse de algo o acercarse a algo, a menudo ambos simultáneamente. Tiene tanto el sentido de ser nombrado o "llamado" específicamente, así como la implicación de que el llamado esté conectado con el destino de esa persona.

En la Biblia, la palabra "llamar" y sus variaciones se utiliza más de 700 veces (754 en la Nueva Versión Internacional). Estos usos cubren todo, desde el Creador nombrando el día y la noche hasta el Señor llamando a individuos y pueblos, o a personas que claman a Dios. Desafortunadamente, en la mayoría de las iglesias de hoy, oímos muy pocas prédicas o enseñanzas sobre cómo descubrir, entender y seguir nuestros llamados. Si oímos el término, es generalmente usado para referirse a alguien en el ministerio cristiano profesional. Este enfoque, deja fuera a la gran mayoría de los creyentes, preguntándonos si Dios nos habla de la misma manera y con la misma importancia. Nos deja luchando por hallar sentido a nuestras vidas fuera de la iglesia, en lugar de vivir plenamente en el hecho de que Dios nos ha llamado, individualmente y colectivamente, a ser su pueblo en todo y en todas partes.

Echemos un vistazo a algunos ejemplos del llamado de Dios.

LAS GUÍAS DE ESTUDIO DE ESTA SEMANA

DÍA UNO: NOMBRES, EDADES, ETAPAS, OÍR
DÍA DOS: ESCUCHA, RECEPTIVIDAD, RESPUESTA
DÍA TRES: COMISIÓN, FUNCIONES, POSICIÓN
DÍA CUATRO: POSICIÓN, PROPÓSITO, INFLUENCIA
DÍA CINCO: LLAMAMIENTO E IMPACTO
GUÍA DE DISCUSIÓN PARA GRUPOS PEQUEÑOS PARA LA
  PRIMERA SEMANA

DÍA UNO NOMBRES, EDAD, ETAPAS, OÍR

El llamado de Abram y Saray

Lee Génesis 12:1-9.
¿A hacer qué llama el Señor a Abram?

¿Qué promete hacer el Señor por Abram?

¿Cuál es la respuesta de Abram al llamado de Dios a salir e ir a un lugar que Él le mostraría?

¿Cuántos años tenía Abram en este momento?
¿Cuántos años tienes tú?

¿Crees que Dios puede llamarte a cualquier edad, en cualquier etapa de tu vida? ¿Por qué sí o por qué no?

¿Cuál es tu reacción a la petición del Señor a Abram de alejarse de su hogar y de su familia?

¿Cómo reaccionas al hecho de que Abram no sepa su lugar de destino?

¿Quién más fue afectado por el llamado del Señor a Abram?

¿Ves algún momento en tu pasado o actualmente en que el llamado de Dios a tu vida haya impactado significativamente a los demás (amigos, familiares, compañeros de trabajo, etc.)? ¿Ves alguna ocasión en la cual el llamado de Dios a otra persona te haya impactado significativamente? Descríbelo brevemente:

Mira hacia atrás en los versículos 7 y 8. Aunque Abram no ha llegado a su lugar de destino, ¿qué elige hacer en este lugar mientras espera? (Mencione al menos dos cosas).

Parte del significado de "llamar" es "nombrar" o, a veces, "cambiar el nombre". A través del curso de la relación de Abram y Saray con el Dios Todopoderoso, los re-nombra. Cuando Dios hace Su pacto con Abram, Dios cambia el nombre de Abram a Abraham, de un nombre que significa "padre exaltado" a "padre de una nación" (o "padre de una multitud"). El nombre de Saray significaba "princesa". Dios cambia su nombre a Sara, que significa "princesa, la madre de las naciones". (Para más información sobre esto, lee Génesis 17:1-22).

¿Cómo te está renombrando Dios? ¿Ya te ha renombrado como hijo o hija adoptivo a través de Cristo? (Romanos 8:14-17) ¿Ha cambiado tu nombre de padre o madre a padre o madre de naciones, diciendo que tú eres bendecido para ser bendición para muchos? ¿De Simón el pescador a Pedro el que pesca personas? ¿De Saulo de Tarso, el perseguidor de la iglesia, a Pablo, el fiel seguidor de Jesús y plantador de iglesias? Escribe tus reflexiones aquí:

El Señor llama al profeta Samuel

Lee 1 Samuel 3:1-11.
¿Qué sucede en los versículos 4, 6 y 8?

En cada caso, la respuesta de Samuel es inmediata. Anota su respuesta:

¿Cuál es el problema de la comunicación? (Lee el versículo 7).

¿Cómo guía Elí a Samuel en la comprensión y la respuesta? (Lee los versículos 8-9).

Cuando Samuel se da cuenta de que es el Señor que le habla, ¿cuál es su respuesta?

¿Necesitas ayuda para discernir si es la voz de Dios la que estás escuchando?

¿Quién podría ser tu "Eli", alguien que pueda escuchar contigo?

Esta semana, considera pedirle a esa persona que te ayude a discernir la voz de Dios en esta etapa de tu vida.

Reflexiona

- ¿Has sido llamado para "salir e ir" como Abraham y Sara? ¿Estás sintiendo el toque para mudarte a un nuevo lugar (literal o simbólicamente)?
- ¿Estás siendo llamado a ser un portavoz de Dios como Samuel?
- ¿A ser un portavoz de Dios como Samuel?

DÍA DOS   ESCUCHA, RECEPTIVIDAD, RESPUESTA

Dios llama a Moisés

Lee Éxodo 3:1-10.

¿Qué estaba haciendo Moisés y dónde estaba cuando se le apareció el ángel de Dios?

¿Cuán listo o capaz estás de escuchar a Dios en cualquier momento y en cualquier lugar? ¿Cundo estás cumpliendo tus quehaceres diarios? ¿Durante tu semana de trabajo?

En el versículo 4, ¿cuáles son las primeras palabras de Dios a Moisés? ¿Cuál es la respuesta inmediata de Moisés?

¿Cuál es el problema que el Señor detalla?

Según el versículo 10, ¿cuál será la función de Moisés: el llamado de Moisés?

Moisés parece tener un patrón de salvación o rescate en su vida desde una edad temprana: rescatado del Nilo en una canasta cuando era niño para que creciera en casa de Faraón; tratando de salvar a un esclavo hebreo matando al egipcio que lo estaba golpeando; interviniendo para liberar a las siete pastoras madianitas de los pastores merodeadores. Su pasión por la liberación finalmente se une con el llamado de Dios a liberar a los Israelitas de la esclavitud, al final de su vida. Moisés tenía entonces 80 años.

¿Tienes un patrón en tu vida que apunte hacía el tema de tu llamamiento? En caso afirmativo, ¿cuál es?

Echemos un vistazo a la(s) respuesta(s) de Moisés al mandato y el llamado de Dios:

Pasaje	Dios dice	Moisés dice
Éxodo 3:10-11		
Éxodo 3:12-13		
Éxodo 3:14 – 4:1		
Éxodo 4:2-10		
Éxodo 4:11-17		

Piensa en tu propia vida. ¿Escuchas a Dios, pero tus excusas para prolongar suenan como las de Moisés— ¿Quién soy yo para hacer esto? ¿Y si no me creen? ¡No estoy a la altura de la tarea que me pides que haga! ¡Por favor, envía a alguien más!

Reflexiona

Básicamente, todas las respuestas de Moisés se reducen a una: "Señor, tengo temor". Todas las respuestas del Señor a Moisés se reducen a una: "Confía en mí, yo soy capaz". Pasa algún tiempo revisando todos los pasajes de "Dios dice" en la tabla anterior. **MIENTRAS LOS LEES ORA COMO UNA INTERCESIÓN** a un Padre Todopoderoso quien puede y te capacitará para hacer lo que te pide.

DÍA TRES — COMISIÓN, FUNCIONES, POSICIÓN

ℋemos visto a Abram y Saray siguiendo el llamado de Dios hacía lo desconocido, sabiendo que su llamado estaba vinculado a la promesa de Dios de expandir su familia y bendecir a las naciones del mundo mucho más allá de su generación. Reflexionamos sobre Samuel aprendiendo a reconocer y escuchar la voz de Dios, con la ayuda de un mentor. Miramos a Moisés, cuyo tema de vida parece haber sido la libertad y el rescate de los oprimidos. Descubrimos que aun cuando Dios es muy específico en llamar, como fue con Moisés, personalmente podríamos tener muchas respuestas de "gracias, pero no me escoja para esta tarea".

En el estudio de hoy, continuamos en nuestra exploración del llamado: ser nombrados, llamados, diseñados por Dios y equipados para llevar a cabo sus propósitos y obra en el mundo.

El Profeta Isaías

Lee Isaías 6:1-8.

¿Cómo recibe Isaías su comisión del Señor?

En el versículo 5, ¿cuál es la respuesta de Isaías al ver a Dios en Su gloria?

¿Por qué son importantes los versículos 5-7 en la preparación, disposición y seguridad de Isaías?

¿Necesitas confesar tus defectos, culpa o pecados, cosas que te separan de Dios y te impiden oírlo o verlo más claramente?

Tᴏᴍᴀ ᴛɪᴇᴍᴘᴏ ᴘᴀʀᴀ ᴏʀᴀʀ ꜱᴏʙʀᴇ ᴇꜱᴛᴏɪꜱ y pídele al Señor que te quite tu culpa, reconociendo a Jesús, que una vez por todas, ha expiado tu culpa y tu pecado. Termina tu tiempo de oración leyendo las afirmaciones en 1 Juan 1:9: "Si confesamos nuestros pecados, Dios, que es fiel y justo, nos los perdonará y nos limpiará de toda maldad".

¿Cuál es la respuesta de Isaías a Dios, que busca a un portavoz, un profeta que vaya a hablar a Su pueblo?

En lo que el Señor te pide, ¿qué tan listo estás para decir "Aquí estoy"?

0	1	2	3	4	5	6	7	8	9	10

No estoy listo para nada   Estoy listo sin importar el costo

¿Cuál es un área de tu vida, en este momento, en la que estás dispuesto a decir "Aquí estoy, ¡envíame a mí!"?

Toma un momento para alabar a Dios por esa claridad... o para pedir este tipo de coraje.

A medida que profundizas en la comprensión del concepto bíblico de llamado, notarás muchos escenarios en las Escrituras que están escritos para animarnos a buscar a Dios y su llamado a nuestra vida como individuos.

La Juez Débora

Lea Jueces 4:1-5.
Enumera cuatro papeles que Débora desempeña:
1.
2.
3.
4.

Lea Jueces 5:6-7. Agrega un quinto papel que describe a Débora en el versículo 7.

Nota en Jueces 5:31b el resultado del liderazgode Débora:

En la tabla siguiente, haz una lista de algunos de los roles que estás cumpliendo actualmente. Luego, regresa y escribe el impacto que estás teniendo en esos puestos. Esto puede ayudarte a ver dónde estás cumpliendo un llamado y dónde está Dios trabajando, especialmente viendo en retrospectiva.

Tu rol	Impacto

Anota cualquier cosa que vino a tu mente al completar la tabla en relación a cómo Dios podría estar hablándote ahora mismo:

El Cautivo Daniel

Si conoces la historia de Daniel, sabes que él fue llevado cautivo por las tropas del rey Nabucodonosor después éstas sitiaran Jerusalén en el año 605 a.c. Daniel fue sacado de su casa y llevado a Babilonia. Él y otros miembros de la realeza iban a ser capacitados y educados durante tres años para que sirvieran en el palacio del rey. (Para más información, lee Daniel 1:1-20).

Probablemente no seas prisionero de guerra como Daniel y sus amigos. Sin embargo, es posible que sientas que estás trabajando o sirviendo en un lugar hostil a tu fe y/o en un contexto incómodo por una variedad de razones. Cobra animo con la historia de Daniel mientras él es capacitado por Dios.

Lee Daniel 1:9. ¿Cuál es la ventaja que Dios le da a Daniel?

Además, ¿qué don o rasgo de carácter exhibe Daniel en versículos 1:11-16?

Y, ¿de qué más doto Dios a Daniel y a sus amigos? (Lee Daniel 1:17).

Lee Daniel 1:18-20. ¿Cómo posiciona la capacitación de Dios a este particular prisionero de guerra y a sus otros amigos cautivos?

Lee Daniel 2:48-49. Haz una lista de los roles de Daniel y los de sus amigos en estos versículos.

Reflexiona sobre tu propia vida. ¿Te ha dado Dios alguna ventaja o "favor" con los demás?

¿Qué otros dones o habilidades te ha otorgado el Señor? (Los de Daniel incluía conocimiento, entendimiento, la capacidad de aprender y la capacidad de entender visiones).

Describe una ocasión en la que, como Daniel, Dios te ha dado sabiduría inesperada para manejar una situación difícil o negociar una solución:

A pesar de que Daniel era un cautivo y un prisionero, Dios lo puso en una posición de poder e influencia. Lo hizo con capacidad única para hacer su trabajo. ¿Has sido promovido a una posición significativa de liderazgo o influencia? ¿Cómo puedes ser la persona de Dios en esa situación, más allá de pensar exclusivamente en el evangelismo?

TERMINA CON UN TIEMPO DE ORACIÓN, agradeciendo a Dios por tu situación, por difícil que sea. Pide al Señor que te capacite para hacer lo que se necesita en ese lugar o situación.

REFLEXIONA

- ¿Estás dispuesto a responder con "¿Aquí estoy" a todo lo que el Señor te pida, como Isaías?
- ¿Estás siendo llamado a ser madre, o padre, o mentora de un pueblo, como Débora?
- ¿Estás posicionándote para convertirte en un líder político o líder nacional (o local) de influencia, como Daniel (donde, por cierto, Dios redime el secuestro y las experiencias de prisionero de guerra de Daniel)?
- ¿Qué pareciera están diciéndote estas historias a ti, personalmente?

DÍA CUATRO   POSICIÓN, PROPÓSITO, INFLUENCIA

El Propósito de la Reina Ester

El libro de Ester evoca el mismo sentido del destino que el de Daniel. Ester, huérfana y hebrea, es la reina de toda Persia. (Para más información sobre la historia, lee Ester 1 y 2). Esto en sí mismo podría parecer como el final de la historia. Sin embargo, uno de los oficiales clave del rey, Amán, planea aniquilar a los judíos. El tío de Ester, Mardoqueo, le pide a ella que hable en nombre de su pueblo. Su respuesta inicial es que no puede sin el riesgo de su propia vida.

Lee la respuesta de Mardoqueo en Ester 4:12-14.
¿Qué le dice sobre su propósito, su llamado?

¿Te sientes tentado a descansar en la posición que has alcanzado actualmente y a no atender el toque de Dios para ir la milla extra o para hacer la próxima cosa difícil?

¿Tienes el sentir de que has llegado a tu posición "para un tiempo como este"?

Lee Ester 4:15-17; 5:1-4; 7:3-5.
¿Qué elige hacer Ester, a riesgo de su propia vida?

Constructor de Muros Nehemías

Lee Nehemías 1:1-11.
Nehemías fue uno de los exiliados judíos, personas llevadas cautivas en el quinto siglo A.C. Aun como extranjero, logró ganar la posición influyente e importante como copero del rey de Persia. La confianza del rey en Nehemías es absoluta, ya que confía su vida diariamente en Nehemías.

¿Has olvidado, tal vez, lo importante que es (o son) tu(s) rol(es) diario(s) o semanal(es)?

Cuando Nehemías recibe el informe sobre el trágico estado de Jerusalén y de sus hermanos judíos, ¿cuáles son sus respuestas (versículo 4)?

¿Qué tipo de oraciones hace Nehemías en los versículos 5-11?

Toma un tiempo ahora para elaborar tu propia oración, modelada en la de Nehemías, y ora sobre una situación específica en la que estés buscando la influencia y la intervención de Dios.

Lee Nehemías 2:1-9. Haz una lista de las cosas que ocurren después de la oración de Nehemías en el Capítulo 1. Por ejemplo: el rey nota la tristeza de Nehemías por primera vez (versículos 1-2).

Piensa en una oración que hayas hecho recientemente. ¿Puedes decir algunas cosas que han ocurrido como resultado?

Lee Nehemías 2:10, 19-20; 4:1-23. ¿Fue fácil la búsqueda y obediencia de Nehemías al llamado de Dios? ¿Qué clase de oposición enfrentaron Nehemías y el pueblo?

¿Enfrentas oposición al buscar cumplir algo que Dios te está llamando a hacer?

Mira de nuevo los pasajes de Nehemías que acabas de leer. Haz una lista de algunas de las respuestas de Nehemías a la oposición.

Haz una lista de una o más de estas cosas (literal o simbólicamente) para superar la resistencia que estás experimentando.

Fíjate en el resultado de la oración de Nehemías por Jerusalén y su pueblo, su oración para regresar, su voluntad de dirigir y su valor en enfrentar la oposición constantemente en Nehemías 6:15. ¿Cuánto tiempo tomó a un pueblo desanimado, desdichado y no calificado reconstruir el muro alrededor de la ciudad?

¿Te parece increíble? ¿Te da mayor esperanza en la ayuda de Dios en tu situación?

Reflexiona

- ¿Estás siendo llamado a intervenir y abogar por la justicia o a salvar a un pueblo (o a una persona) de la destrucción, como Ester?
- ¿Estás en una posición como la de copero de un rey, tal vez para liderar un esfuerzo significativo como la reconstrucción de un muro en ruinas, como Nehemías?
- ¿Ora sobre lo que sientes que Dios te dice a través de estas historias de tu propia historia?

DÍA CINCO   LLAMAMIENTO E IMPACTO

Ejemplos del Nuevo Testamento

Al entrar en el Nuevo Testamento, continúa el modelo de las personas que son apartadas, llamadas por Dios a un rol o ministerio particular. Busca cada uno de los siguientes pasajes y completa la tabla para decir el llamado y la respuesta de cada persona.

Pasaje	Persona	Llamado	Respuesta
Lucas 1:11-17; Marcos 1:1-8	Juan el Bautista		
Lucas 1:26-38	María		
Marcos 1:16-20; 3:13-19; Marcos 2:13-14	Los discípulos de Jesús; Leví (Mateo)		
Mateo 16:17-20; Juan 21:15-19	Pedro		
Hechos 21:17-19; Romanos 1:1-5; Romanos 15:15-20	Pablo		
Hechos 13:1-3	Bernabé y Pablo		
Hechos 16:11-15; 40	Lidia		

Anota una o más cosas a las cuales sientes que Dios te está llamando, conduciendo o susurrando:

Es posible que hayas observado en el camino que las personas pueden tener más de un llamado. Pablo se consideraba llamado a Jesús, llamado a ser apóstol, apartado para el Evangelio, llamado a predicar el Evangelio a los gentiles, apartado para fundar iglesias, inspirado a escribir cartas para animar a esas iglesias, etc.

Reflexiona

- ¿Eres llamado a preparar humildemente el camino para otra persona, como Juan el Bautista?
- ¿Eres llamado a algo increíblemente impresionante y también imposible, como María?
- ¿Estás dispuesto a seguir sin saber a dónde Dios te está guiando, como los discípulos?
- ¿Eres llamado a alcanzar a un grupo de personas en particular para Cristo, como Pablo? ¿O para ser apartado por tu iglesia para ciertos trabajos, como Bernabé?
- ¿Estás siendo llamado a responder al toque del Espíritu Santo para abrir tu hogar con un propósito divino... que podría convertirse en algo más grande, como Lidia?

Los llamamientos de Dios no han parado con el Antiguo y el Nuevo Testamento. La Madre Teresa fue llamada primero a ser monja, luego maestra de escuela, y finalmente a simplemente recoger y cuidar a un moribundo en las calles de Calcuta... que se convirtió en servir a "los más pobres de los pobres" (a quien ella veía como "Cristo disfrazado de angustia"), finalmente fundó la orden de las Misioneras de la Caridad. El llamado de Martin Luther King, Jr. era ser predicador y, en última instancia, abogar (y dar su vida) por la igualdad de derechos para los afroamericanos a través de la no-violencia.

C.S. Lewis, que llegó a la fe en Jesús más tarde en la vida, fue llamado a continuar como profesor de inglés en la Universidad de Oxford, a ser un apologista cristiano, y a escribir el influyente libro Mere Christianity (El Mero Cristianismo), así como la serie alegórica infantil The Chronicles of Narnia (Las Crónicas de Narnia). Dios utilizó todos sus talentos y su preparación—presentes antes de ser cristiano, junto con su nueva fe, para influir en las generaciones motivándolas a pensar profundamente en Jesús, las Escrituras y el mundo que los rodea. El buen amigo y colega de Lewis, J. R. R. Tolkien, autor de la serie épica The Lord of the Rings (El Señor de los Anillos), basó su literatura de fantasía en su fe cristiana para influir en un mundo cada vez más secularizado.

El deseo de Millard Fuller era eliminar la carencia de vivienda en todo el mundo, lo que resultó en la fundación de Hábitat para la Humanidad. Clara Barton tenía la pasión por servir a Dios sirviendo a soldados heridos, convirtiéndose primero en enfermera en la guerra civil, y finalmente fundó la Cruz Roja Americana. Galileo, Isaac Newton, Blaise Pascal y Francis Collins no fueron llamados al pastorado, sino llamados a la ciencia: el sistema solar, la física, las matemáticas, la genética. Miguel Ángel, maestro artista responsable de la pintura en la bóveda de la Capilla Sixtina (El nacimiento de Adán), esculpiendo la Piedad y el David dijo, al final de su vida, "Muchos creen—y yo creo—que he sido designado para este trabajo por Dios. A pesar de mi vejez, no quiero renunciar a él; trabajo por amor a Dios y pongo toda mi esperanza en Él".[3]

¿A quién añadirías en esta lista, famosa o no tan famosa?

Nombra a una persona que conozcas que haya seguido o esté siguiendo un llamado claro:

No son sólo los famosos (o los que ahora son famosos) los que han sido llamados. Las vidas comparativamente anónimas o menos celebres, según las normas del mundo, que la mayoría de nosotros creemos que llevamos son igualmente sujetas al llamado de Dios. Tal vez tu eres un ejecutivo de empresa llamado a ser ético, justo y un defensor de los marginados en tu lugar de trabajo. Tal vez eres un conductor de autobús de la escuela que da la bienvenida calurosamente a los niños en tu autobús, oras en silencio por cada uno a pesar de que no son conscientes de ese ministerio silencioso. Es posible que seas llamado a adoptar un niño o a criar a un niño con necesidades especiales. Tal vez estés siendo llamado a tomar un paso de fe y dirigir a un grupo pequeño de universitarios, como su mentor, orientándolos en la toma de decisiones difíciles. Tal vez tu vocación es ser un buen vecino en tu vecindario, poniéndote disponible más que la mayoría.

El llamado de Dios puede verse como ser un misionero o un evangelista a tiempo completo o puede estar vinculado a tu profesión, tu capacidad atlética, tu formación vocacional, tu gusto por las matemáticas y la ciencia, tu deseo de escribir o crear. El Señor puede usar cualquier cosa—tus talentos, tus pericias, tus dones, tus intereses, tus experiencias pasadas en la vida—para atraerte hacia dónde y cómo quiere usarte como persona de influencia.

¿Qué es lo que realmente te gusta hacer o qué crees que haces bien? Menciona al menos dos cosas:

¿Cómo te ha ayudado leer esta lista diversa de llamados y ver tu lista de lo que haces bien, a definir uno o más de tus llamados actuales?

Reflexiona

- ¿Eres llamado a ser fiel como maestro de escuela? ¿O un trabajador de hospicio? ¿O como misionera de caridad, como la Madre Teresa?
- ¿Eres llamado a defender los derechos de las personas afroamericanas, como Martin Luther King, Jr.?
- ¿Eres llamado a servir como médico, enfermera o cuidador para proporcionar la mejor atención posible para aquellos que están enfermos, como Clara Barton?
- ¿O a trabajo misionero?
- ¿A escribir: ficción o no ficción?
- ¿Eres llamado a comprender mejor el mundo de Dios como un científico?
- ¿El mejor artista? ¿El ejecutivo de una compañía? ¿Conductor de autobús? ¿Padre adoptivo o sustituto? ¿Mentor? ¿Vecino?

Dios promete no sólo llamarnos e involucrarnos, sino capacitarnos para poder hacer lo que nos pide que hagamos. Si tienes algo de miedo y temor en torno a lo que Dios podría pedirte, recuerda: Te empoderará para que hagas eso mismo. Y, a menudo, **nos pide que demos un paso de bebé hacia adelante, que nos comprometamos con algo pequeño primero.** Él proveerá el poder, la sabiduría y el sustento. El Señor no nos deja.

Repasa los últimos cinco días de la tarea:

- En las Escrituras que leíste y tus respuestas a las preguntas relacionadas, selecciona una lección clave que hayas aprendido.
- De las preguntas de reflexión personal, selecciona una cosa que aprendiste acerca de tí mismo, tu llamado o como Dios te ha equipado.
- Transfiere estas dos lecciones a la tabla en la página 164.

Guía de discusión para grupos pequeños para la primera semana

Llamado

Si tu grupo se reúne semanalmente y cada persona está completando los cinco días de tarea con anticipación, considera usar esta guía de discusión para facilitar tu conversación.

Día Uno: Nombres, Edades, Etapas, Oír

1. ¿Qué te llamó la atención del llamado de Dios a Abram y Saray, y de su respuesta?
2. ¿Crees que Dios puede llamarte en cualquier edad/etapa de la vida? ¿Por qué sí o por qué no?
3. ¿Necesitas tú, como Samuel, ayuda para discernir la voz de Dios?
4. ¿Quién podría ser tu "Elí", alguien que podría ayudarte a escuchar?

Día Dos: Escucha, Receptividad, Respuesta

1. ¿Hay algún patrón de vida que apunte al tema de tu llamamiento? En caso afirmativo, ¿qué es?
2. ¿Dónde escuchas a Dios, pero tu excusa para retrasar suena como "Señor, ¿me temo"?

Día Tres: Comisión, Funciones, Posición

1. ¿En qué área necesitas confesar tus defectos, culpa o pecados, cosas que te separan de Dios y te impiden escucharlo o verlo más claramente?
2. ¿En qué área de tu vida estas dispuesto a decirle a Dios "¡Aquí estoy, envíame a mí!"?
3. ¿En qué área de tu vida te parece que Dios está trabajando en los roles que desempeñas?
4. Analice la unicidad de la situación de Daniel y reflexione sobre cómo Dios capacitó, dirigió, y proveyó para Daniel.
5. Discutir: ¿Estás en una posición significativa de liderazgo o influencia? ¿Cómo puedes ser la persona de Dios en esa situación?

Día Cuatro: Posición, Propósito, Influencia

1. ¿Tienes la sensación de que estás donde estás "para un tiempo como este"?
2. Analice la oración de Nehemías y pide a alguien que comparta la oración que escribieron, basada en Nehemías.
3. ¿Enfrentas oposición al buscar o cumplir algo que Dios te está llamando a hacer?

Día Cinco: Llamamiento e Impacto

1. Conceda tiempo a cada persona para compartir su sentimiento actual sobre el llamado de Dios. Si esto es difícil, pida a cada persona que responde a la pregunta: ¿Qué es lo que realmente te gusta hacer o qué crees que haces bien?

Notas

NOTAS
Llamado y dones

Semana Dos

Llamado y dones

El llamado implica ser apartado y equipado por Dios para hacer Su obra en la iglesia y en el mundo. Nuestra exploración del llamado y el uso de los dones espirituales debe hacerse en el contexto del diseño de Dios para que la iglesia como Cuerpo de Cristo. En parte, nuestro entendimiento se trata de encontrar cada uno de nuestros lugares individuales en el cuerpo, escuchar y vivir en el llamado de Dios para nuestras vidas, buscar Su capacitación y abrazar nuestra propia unicidad. Más allá de eso, nuestra comprensión y ejercicio de los dones debe abrazar la perspectiva de que somos parte de un todo - un Cuerpo - un organismo, y que no nos da los dones en aislamiento. La Escritura detalla todo, desde un llamado colectivo a un pueblo (Israel, la iglesia, todos los creyentes) hasta cómo Dios nos llama a cada uno de nosotros de maneras específicas y luego nos da dones para que hagamos lo que Él nos ha llamado a hacer.

LAS GUÍAS DE ESTUDIO DE ESTA SEMANA

Día Uno: Único, Apartado, Maduración
Día Dos: Llamado universal y capacitación
Día Tres: Dios trabajando a través de ti
Día Cuatro: Listado de dones en las Escrituras
Día Cinco: Tus dones
Guía de discusión para grupos pequeños para la
segunda semana

DÍA UNO   ÚNICO, APARTADO, MADURACIÓN

Lee Salmos 139:13-16.

Haz una lista de al menos cinco cosas que este pasaje dice acerca de cómo fuiste creado por Dios:

1.

2.

3.

4.

5.

Toma un momento para reflexionar y/o registrar tu respuesta a estos conceptos:

Lee Jeremías 1:4-5.

¿Cuándo fue Jeremías "apartado" para la obra de Dios?

¿Cuál fue la obra a la que Dios lo llamó?

Lee Gálatas 1:15-17.

¿Cuándo fue "apartado" el apóstol Pablo para la obra de Dios?

¿Qué término usa Pablo además de ser apartado?

Recordemos la obra para la cual que Dios llamó a Pablo:

¿Qué tan seguro estaba Pablo?

Piensa en tu propia vida. ¿Tienes el sentir de ser apartado por Dios para algo? ¿Tienes idea de lo que es? Anota tus pensamientos:

Si no, ¿por qué crees que no? Y, ¿cómo lo puedes buscar y descubrir? Si no, ¿por qué crees que no? Y, ¿cómo podrías buscar y encontrar eso?

La Escritura dice que has sido "apartado". ¿De qué manera puedes abrazar este concepto en tu vida?

La Escritura es clara. Cada persona está diseñada de manera única por El Creador-Dios. Los creyentes en Él también son apartados para algo exclusivamente suyo. Los seguidores de Jesús poseen ese mismo "ser apartado" para la obra de Dios en el mundo. A veces, puede ser un llamado a trabajar con un grupo particular de personas o a cierto tipo de vocación. En otras ocasiones, simplemente sabemos que Dios hace el llamado y nos aparta, y seguimos de cerca para buscar el dónde y a quién y cuándo, siendo fieles en las cosas que sabemos que nos ha pedido mientras tanto.

Lee 1 Pedro 2:9-10.
Haz una lista de al menos cuatro términos que Pedro utiliza para describirnos a nosotros—creyentes—como grupo:
1.
2.
3.
4.

¿Cuál es nuestro papel?

¿De dónde hemos sido llamados?

¿Este papel es una respuesta a qué?

Hay más de 800 referencias a "sacerdote" en la Biblia. Los sacerdotes fueron consagrados y ungidos para su trabajo. Debían de llevar a cabo los diversos sacrificios requeridos por Dios para la expiación por los pecados del pueblo, a fin de que todos pudieran ser perdonados y reconciliados con el Señor. La suya era una vocación exigente, con reglas sobre cómo vestir, cómo y cuándo iban a llevar a cabo los sacrificios de animales, granos, incienso, etc.

El libro de Hebreos nos dice que, en Jesús, tenemos a nuestro Sumo Sacerdote definitivo y para siempre: Uno que ascendió al cielo e intercede constantemente por nosotros. Ya no necesitamos los sacrificios continuos de sangre en el templo—Jesús fue el último sacrificio de sangre por nuestros pecados para siempre. (Mira Hebreos 8-10.)

Piensa en tu lectura de 1 Pedro 2:9-10. Pedro, bajo la influencia del Espíritu Santo, nos llama a los creyentes en Jesús como Señor el "linaje escogido, real sacerdocio, nación santa, pueblo que pertenece a Dios". Al pensar en el papel del sacerdote en el Antiguo Testamento y ahora en nuestra función como sacerdotes el uno del otro, ¿cómo piensas que se vería en tu propia vida ser un sacerdote para alguien más?

Menciona al menos dos formas prácticas:
1.
2.

Además de llamarnos a todos sacerdotes, Dios también da dones de liderazgo a algunos de Sus seguidores.

Lee Efesios 4:11-13.
¿Cuál es el papel de quienes tienen esos dones?

En última instancia, ¿cuál es la meta de los líderes (capacitadores) en la iglesia?

¿Cuál ha sido tu experiencia con los líderes que te capacitan a ti y a otros de tu congregación para que hagan el ministerio?

Haz una lista de algunas cosas que piensas que serían señales de "la unidad de la fe".

Haz una lista de algunas cosas que crees que describirían "la madurez: la medida de la plena estatura de Cristo".

Con este ejercicio en mente, en una escala de 1 a 10 (1: en absoluto no soy maduro en Cristo; 10: soy muy maduro en Cristo), califícate a ti mismo en este momento:

0	1	2	3	4	5	6	7	8	9	10

En absoluto no soy maduro en Cristo   Soy muy maduro en Cristo

TERMINA EN ORACIÓN, centrándote en los pensamientos de 1 Corintios 6:11: "Pero ya han sido lavados, ya han sido santificados, ya han sido justificados en el nombre del Señor Jesucristo y por el Espíritu de nuestro Dios".

DÍA DOS — LLAMADO UNIVERSAL Y CAPACITACION

Llamado universal

*E*stés claro o no en cuanto a uno o más de tus llamados, tú puedes saber que eres llamado a lo siguiente:

Pasaje	Llamado a/o apartado para:
1 Corintios 1:1-2: …a los que han sido santificados en Cristo Jesús y llamados a ser su santo pueblo, junto con todos los que en todas partes invocan el nombre de nuestro Señor Jesucristo, Señor de ellos y de nosotros. **2 Timoteo 1:** Dios nos salvó y nos llamó a una vida santa, no por nuestras propias obras, sino por su propia determinación y gracia. Nos concedió este favor en Cristo Jesús antes del comienzo del tiempo…	
Romanos 1:6: Entre ellas están incluidos también ustedes, a quienes Jesucristo ha llamado.	
Gálatas 5:13: Les hablo así, hermanos, porque ustedes han sido llamados a ser libres; pero no se valgan de esa libertad para dar rienda suelta a sus pasiones. Más bien sírvanse unos a otros con amor.	
1 Juan 3:1: ¡Fíjense qué gran amor nos ha dado el Padre, que se nos llame hijos de Dios! ¡Y lo somos!	
1 Corintios 1:9: Fiel es Dios, quien los ha llamado a tener comunión con su Hijo Jesucristo, nuestro Señor.	
Efesios 1:18: Pido también que les sean iluminados los ojos del corazón para que sepan a qué esperanza él los ha llamado, cuál es la riqueza de su gloriosa herencia entre los santos…	
Colosenses 3:15: Que gobierne en sus corazones la paz de Cristo, a la cual fueron llamados en un solo cuerpo. Y sean agradecidos.	
2 Corintios 5:17-20: Por lo tanto, si alguno está en Cristo, es una nueva creación. ¡Lo viejo ha pasado, ha llegado ya lo nuevo! Todo esto proviene de Dios, quien por medio de Cristo nos reconcilió consigo mismo y nos dio el ministerio de la reconciliación: esto es, que en Cristo, Dios estaba reconciliando al mundo consigo mismo, no tomándole en cuenta sus pecados y encargándonos a nosotros el mensaje de la reconciliación. Así que somos embajadores de Cristo, como si Dios los exhortara a ustedes por medio de nosotros.	

Estos pasajes apuntan al sentido de un llamado universal, llamamientos para todos los que siguen a Jesús. Somos llamados individual y colectivamente a ser santos, apartados, a pertenecer a Cristo, a ser embajadores de la reconciliación, libres, inclusivos, a la paz y orientados al servicio.

Revise el gráfico anterior. ¿En cuál área es más fácil vivir?

¿En cuál es más difícil?

Pasa un tiempo hablando con Dios sobre esto.

Lee Hebreos 13:20-21.
¿Quién nos capacita?

Menciona al menos tres cosas que describen a Dios o a Jesús en este pasaje:
1.
2.
3.

¿Según el pasaje, en que nos capacitará Dios?

¿Qué tipo de cosas crees que incluye?

¿Encuentras estos conceptos liberadores o alentadores?

PASA UN TIEMPO DANDO GRACIAS: al "Dios que da la paz", por "capacitarte en voluntad".

DÍA TRES — DIOS TRABAJANDO A TRAVÉS DE TI

Lee Efesios 2:8-10.

¿Cómo nos llama este pasaje?

¿Para qué fuimos tú y yo creados?

Reflexiona sobre las implicaciones de estos versículos para tu vida:

Lee 2 Corintios 9:8 en el NVI. Completa con las palabras que faltan:

"Y _____ puede hacer que _____ _____ _____ para ustedes, de manera que _____, en _____ _____, tengan _____ ____ _____, y _____ buena obra _____ en ustedes".

¿Cómo es para ti "abundar en toda buena obra"?

Lee Filipenses 1:6.

¿De quién es el trabajo de completar nuestra transformación hacia la madurez en Cristo?

Lee 2 Timoteo 3:14-17.

¿Qué dice este pasaje que nos hace sabios?

Haz una lista de al menos tres cosas que hace el estudio de las Escrituras para capacitarnos para "toda buena obra".

¿Cómo has experimentado la Palabra de Dios…

- ¿enseñándote?

- ¿reprendiéndote?

- ¿corrigiéndote?

- ¿instruyéndote en la justicia?

Estas Escrituras y muchas otras hacen eco del tema bíblico de que Dios es el que nos capacita en todos los sentidos. Su llamado a servir y a utilizar nuestros dones presupone que nos está dando lo que necesitamos para responder y llevar a cabo ese llamado, en continua dependencia en Él.

TOMA TIEMPO PARA ORAR Efesios 1:18-23 NVI.

"…que les sean iluminados los ojos del corazón para que sepan a qué esperanza él los ha llamado, cuál es la riqueza de su gloriosa herencia entre los santos, y cuán incomparable es la grandeza de su poder a favor de los que creemos. Ese poder es la fuerza grandiosa y eficaz que Dios ejerció en Cristo cuando lo resucitó de entre los muertos y lo sentó a su derecha en las regiones celestiales, muy por encima de todo gobierno y autoridad, poder y dominio, y de cualquier otro nombre que se invoque, no solo en este mundo, sino también en el venidero. Dios sometió todas las cosas al dominio de Cristo, y lo dio como cabeza de todo a la iglesia. Esta, que es su cuerpo, es la plenitud de aquel que lo llena todo completo".

DÍA CUATRO — LISTADO DE DONES QUE SE ENCUENTRAN EN LAS ESCRITURAS

𝓔s importante fundar nuestra comprensión de dones en las Escrituras: saber qué Dios dice y que desea para nosotros. Hay referencias a la dotación de dones especiales de Dios para Su pueblo tanto en el Antiguo como el Nuevo Testamento. La mayoría de esas referencias provienen del Nuevo Testamento cuando Dios derrama Su Espíritu sobre los creyentes en Jesús en el evento de Pentecostés y más allá. Al ver cada uno de los pasajes siguientes, haz una lista del don o los dones que están mencionados (o implícitos), toma nota de los nombres de las personas que correspondan a cada don, y anota cualquier otra cosa que encuentres útil del pasaje:

Lee Éxodo 31:2-5.
Don(es) mencionado(s) en este pasaje:

Persona/personas mencionadas con este don:

Notas adicionales/definición adicional del don:

Lee los siguientes pasajes y anota si ves un tema que hable de un área específica de dones en todos ellos: Salmos 150:3-5; Éxodo 15:1, 20-21; 2 Samuel 6:14-15.
Don(es) mencionado(s) en este pasaje:

Persona/personas mencionadas con este don:

Notas adicionales/definición adicional del don:

Lee los siguientes pasajes y anota si ves un tema que hable de un área específica de dones en todos ellos: Colosenses 4:12; Efesios 1:16; 2 Timoteo 1:3.

Don(es) mencionado(s) en este pasaje:

Persona/personas mencionadas con este don:

Notas adicionales/definición adicional del don:

Lee 1 Corintios 12:7-11.

Don(es) mencionado(s) en este pasaje:

Notas adicionales/más definición del don:

Lee 1 Corintios 12:27-30.

Don(es) mencionado(s) en este pasaje:

Notas adicionales/más definición del don:

Lee 1 Pedro 4:9-11.

Don(es) mencionado(s) en este pasaje:

Notas adicionales/más definición del don:

Lee Romanos 12:4-8.

Don(es) mencionado(s) en este pasaje:

Notas adicionales/más definición del don:

Lee Efesios 4:11-13.

Don(es) mencionado(s) en este pasaje:

Notas adicionales/más definición del don:

La importancia de los dones espirituales:

Este libro de trabajo y su evaluación adjunta identifican 23 dones mencionados o implícitos en la Biblia. Los dones son esenciales para el buen funcionamiento de la iglesia. TODOS necesitan ser ejercitados con un espíritu de amor. TODOS son dados individualmente a los seguidores de Jesús para que glorifiquen a Dios y fortalezcan el Cuerpo de Cristo. Los dones espirituales son la forma en que Dios nos ha capacitado para servirle a Él. Los dones dados por Dios tienen un impacto mucho mayor que simplemente el uso de nuestros propios talentos y habilidades.

¿Qué es un don espiritual?

Basado en todos los pasajes de las Escrituras que hablan de dones, un don espiritual es una habilidad única dada por Dios por medio de Su Espíritu Santo a los creyentes en Jesús, con el propósito de traer gloria a él y fortalecer a Su iglesia. Además, los dones espirituales son reconocidos y confirmados por el Cuerpo de Cristo, y los vemos evidenciados en la vida de Jesús y en el ministerio de la iglesia primitiva.

Ahora ve a la página siguiente para ver cómo te fue.

Es posible que hayas observado los siguientes dones:

- ☐ Administración
- ☐ Apostolado
- ☐ Expresión Artística (Tú puedes haber llamado a este don de alabanza y adoración o algo similar; para nuestros propósitos, lo llamaremos Expresión Artística.)
- ☐ Artesanía
- ☐ Discernimiento
- ☐ Evangelismo
- ☐ Exhortación (a veces llamada "Dar Animo")
- ☐ Fe
- ☐ Dar/generosidad
- ☐ Ayuda (Algunos pasajes se refieren a este don como "Servicio". Usaremos Ayuda como nuestro término para no confundirlo con el llamado a todos nosotros a servir.)
- ☐ Hospitalidad
- ☐ Intercesión (ese sentido de oración constante y lucha en oración mostrado en los versículos seleccionados)
- ☐ Conocimiento
- ☐ Liderazgo
- ☐ Misericordia
- ☐ Profecía
- ☐ Pastorado
- ☐ Enseñanza
- ☐ Sabiduría
- ☐ Sanidad
- ☐ Poderes milagrosos
- ☐ Lenguas
- ☐ Interpretación de lenguas

Tal vez te preguntes porque tomar el tiempo para buscar en la Escritura una lista de dones. Resulta que la mayoría de los que están en la iglesia, incluso los pastores, tienden a confundir el fruto del Espíritu, las disciplinas espirituales, los títulos de trabajo y los talentos con los dones espirituales.[4] Cada uno de estos es muy importante, pero muy diferente de los dones en la vida de los creyentes.

Ten en cuenta que un don espiritual cabe en la definición de ser una habilidad única, dada por Dios por medio de Su Espíritu Santo a los seguidores de Jesús—con el propósito de traer gloria a Él y a fortalecer Su iglesia—una definición que extrajimos de los pasajes Bíblicos primarios sobre los dones (1 Corintios 12-14, Romanos 12, Efesios 4, 1 Pedro 4). Los dones espirituales son reconocidos y afirmados por el Cuerpo de Cristo, y los vemos evidenciados en la vida de Jesús y en el ministerio de la iglesia primitiva. Además, cada don se manifiesta en forma diferente en cada individuo. Así que podríamos decir que hay veintitrés dones, o, podríamos decir que hay tantos dones como seguidores de Jesús.

DÍA CINCO TUS DONES

El llamado de Dios y nuestra respuesta

La dotación espiritual tiene sus raíces en la fe en Jesús. En Pentecostés, en Hechos 2, Pedro dice "arrepiéntanse y bautícese cada uno de ustedes en el nombre de Jesucristo para el perdón de sus pecados, y recibirán el don del Espíritu Santo". Dios nos llama a Sí mismo. Reconocemos nuestra necesidad de Él y venimos a Él con humildad y arrepentimiento, recibiendo Su perdón y la promesa de una nueva vida. Esa nueva vida refleja el llamado de Dios sobre la totalidad de nosotros mismos (incluyendo tanto nuestros talentos naturales como el don que recibimos por medio del Espíritu Santo), y respondemos con gratitud y servicio a Él y a los demás.

JUNTOS Somos el Cuerpo de Cristo

Los dones son dados a cada uno de nosotros para ser utilizados para TODOS nosotros. Las Escrituras que hacen referencia a los dones espirituales lo hacen en el contexto de un grupo. "Pueblo elegido", "nación santa", "Cuerpo de Cristo", "bien común" son todos términos colectivos que nos recuerdan que pertenecemos el uno al otro, y que los dones deben ser utilizados para los demás. Sobre todo, nuestros dones son una manera de administrar lo que Dios nos ha confiado. ¿Qué pasaría si la mayoría de nosotros conociera y viviera sus dones espirituales en el poder del Espíritu Santo para gloria de Dios? ¿Qué pasaría si nuestras iglesias lucieran como Cuerpo de Cristo más saludable, exhibiendo una amplia diversidad y singularidad mientras viven en unidad, amor y paz?

Dios nos capacita con lo que necesitamos para hacer Su obra

Dios no nos llama simplemente a una vida de generosidad y servicio. Nos permite llevar a cabo su llamado mediante el uso de los dones que nos da. Como promete en Hebreos 13:20-21, nos capacitará "con todo lo bueno para hacer su voluntad". Que la evaluación de los dones espirituales incluida aquí te ayude a no sólo identificar tus dones dados por Dios, sino que también te ayude a iniciar (o te ayuden a continuar) el camino de vivir en esos dones, y a desarrollarlos y usarlos aún más. Que también descubras nuevas formas de afirmar y apreciar los dones de los demás.

Completa tu evaluación de los dones espirituales

Al tomar la siguiente evaluación de los dones espirituales, por favor:

■ acercarte a Él en oración, pidiendo y confiando en Dios para revelarse en el proceso;

■ tómalo rápidamente; no pienses demasiado en las preguntas; escribe las respuestas que te vengan primero a la mente;

■ reserva tiempo suficiente para completarlo de tal manera que no te sientes demasiado apresurado;

■ sé honesto: estás respondiendo cómo eres, cómo te comportas, cómo respondes, NO cómo crees que debes ser ni cómo crees que otros te ven.

Ve a GodGiftsYou.com para Realizar la Evaluación de Dones Espirituales.

Haga clic en "Assessment".

Haga clic en "REALIZA LA EVALUACIÓN".

Evaluación de Dones Espirituales

Lee atentamente cada declaración y da una calificación a cada una (de 0 a 5) en relación con lo bien que la declaración refleja tu comportamiento o experiencia. Responde cómo ERES no cómo quieres ser. Transfiere los números a las casillas de la Hoja de Puntuación de Evaluación de Dones Espirituales, página 45.

0	1	2	3	4	5
Nunca es cierto de mí					Es cierto de mí

1. ____ Soy bueno cuidando detalles que otras personas podrían descuidar.
2. ____ He tenido éxito en la creación de nuevos ministerios.
3. ____ Dios usa mis dones artísticos/musicales para ayudar a la gente a adorarlo.
4. ____ Disfruto trabajar con las manos para crear cosas que faciliten mi propio ministerio o para un ministerio de alguien más.
5. ____ Cuando escucho a alguien que pretende enseñar de la Biblia, por lo general puedo decir si la enseñanza es sana o poco sólida.
6. ____ Cuando hablo con los no cristianos acerca de Jesús, a menudo están interesados en lo que tengo que decir.
7. ____ Soy capaz de motivar a otros a perseverar ante el desánimo y las luchas.
8. ____ Estoy más seguro que la mayoría de que Dios cumplirá sus promesas.
9. ____ Reorganizo las cosas en mi vida para poder dar mis recursos financieros (o de otro tipo) más generosamente para la obra de Dios.
10. ____ Cuando hay un trabajo por hacer, soy uno de los primeros en saltar y ser voluntario.
11. ____ En las reuniones, tiendo a notar a los marginados y hacerles sentir que pertenecen.
12. ____ La gente que me conoce me considera un "guerrero de oración".
13. ____ Otros buscan mi conocimiento sobre los conceptos bíblicos y/o mi visión de las situaciones.
14. ____ Cuando el camino a seguir por un grupo es incierto, la gente me busca para liderarlos.
15. ____ Consolar a los que están sufriendo me viene naturalmente.
16. ____ A menudo digo cosas que la gente en la iglesia necesita oír, aunque puede hacerlos sentir incómodos.
17. ____ He podido guiar con éxito a otros en sus etapas espirituales.
18. ____ Puedo explicar la verdad bíblica a las personas de una manera que les permite "entenderla".
19. ____ La gente me pide consejo cuando hay que tomar decisiones.
20. ____ Cuando sé de una persona que está enferma, tengo un fuerte deseo de orar por su curación.
21. ____ He visto a Dios hacer algo milagroso con relación a algo por lo cual he orado.
22. ____ Cuando oro, a veces salen palabras que no entiendo.
23. ____ Cuando alguien habla en lenguas, soy capaz de entender el mensaje.
24. ____ Otros me buscan por mis habilidades de organización.
25. ____ Cuando veo una necesidad en la iglesia o en la comunidad, imagino cómo crear un ministerio para satisfacer la necesidad.
26. ____ Puedo comunicar cosas importantes sobre Dios a los demás a través de la escritura creativa, el arte o la música.
27. ____ Soy experto en crear artículos útiles de materiales tangibles como vidrio, metal, madera, papel, etc.
28. ____ Puedo decir cuando hay maldad espiritual en una situación.
29. ____ Compartir el Evangelio es fácil para mí.
30. ____ La gente piensa en mí como un amigo alentador.
31. ____ Ante la duda o la incertidumbre, persevero en hacer las cosas que Dios me ha llamado a hacer.
32. ____ Con frecuencia busco oportunidades para aportar dinero o recursos de una manera que haga la diferencia.

33. _____ No importa lo que estoy haciendo para servir, siempre y cuando ayude a promover la obra de Dios en la iglesia o en el mundo.

34. _____ Ya sea en mi casa o en otro lugar, creo un ambiente acogedor para los demás.

35. _____ Cuando me entero de alguien que está en una situación difícil, mi primer impulso es orar.

36. _____ Veo los tonos de gris en situaciones donde otros ven blanco y negro.

37. _____ Motivo a otros acompañarme mientras busco la visión de Dios.

38. _____ Mi respuesta automática cuando alguien está sufriendo es venir y ofrecer un oído que escucha y un hombro para llorar.

39. _____ Dios a veces me lleva a hacer preguntas difíciles y a señalar verdades incómodas.

40. _____ Me gusta acompañar a alguien en tutoría uno-a-uno.

41. _____ Soy capaz de conectar la verdad de Dios con las situaciones de la vida actual.

42. _____ Normalmente puedo ver el curso correcto de acción para tomar.

43. _____ He visto a Dios sanar a alguien en relación con una oración que he hecho o por mi imposición de manos.

44. _____ A veces me he sentido poderosamente guiado por Dios para realizar un acto extraordinario.

45. _____ Orar en privado en lenguas edifica mi fe personal y me ayuda a sentirme más cerca de Dios.

46. _____ Soy capaz de proporcionar el significado de un mensaje en lenguas a otros.

47. _____ Si alguien tiene una buena visión, puedo hacer el trabajo de ponerla en práctica.

48. _____ Me han dicho que exhiba una capacidad empresarial.

49. _____ Expreso algo de la creatividad de Dios a través de la danza, la escritura imaginativa, la pintura, el dibujo o el teatro.

50. _____ Otros dependen de mí para hacer o arreglar cosas.

51. _____ Otros me han dicho que tengo un fuerte sentido intuitivo, viendo peligros u oportunidades que otros pierden.

52. _____ Desarrollo y busco activamente relaciones con los que están fuera de la comunidad eclesial.

53. _____ Disfruto ayudando a las personas a dar pasos hacia una mayor madurez en cualquier aspecto de sus vidas.

54. _____ En situaciones donde otros podrían dudar de Dios, yo no.

55. _____ Aunque mi generosidad es generalmente anónima, la gente me conoce como caritativa y filantrópica con los recursos que Dios me ha dado.

56. _____ Disfruto haciendo las cosas que apoyan los ministerios de los demás, "detrás del escenario".

57. _____ Los demás dicen que soy bueno haciendo que la gente se sienta bienvenida y aceptada.

58. _____ Soy una de las primeras personas buscadas por los demás cuando piden oración.

59. _____ A menudo veo aspectos importantes de los pasajes bíblicos que otros no reconocen.

60. _____ Inspiro a otros a perseguir metas que articulo claramente.

61. _____ La gente me describe como compasivo y empático.

62. _____ Dios me utiliza para señalar sus planes y propósitos cuando otros pueden estar apartándose del camino.

63. _____ Encuentro satisfacción en las relaciones de capacitaciòn/mentoreo a largo plazo.

64. _____ Otros han dicho constantemente que han aprendido de o sido desafiado por mi enseñanza.

65. _____ Rara vez me confundo sobre los próximos pasos a seguir en situaciones difíciles.

66. _____ Me atrae participar en ministerios como "oración por sanidad interior" o "sanidad espiritual".

67. _____ Dios ha autenticado un mensaje o ministerio trabajando a través de mí para realizar algo sobrenatural.

68. _____ He hablado de la fe en un idioma que no es mi lengua materna, y he sentido que Dios ha permitido mi fluidez.

69. _____ Si alguien ora en lenguas, tengo un sentimiento o una visión o una imagen de lo que significa el mensaje.

(Transfiera sus puntuaciones para cada pregunta a la hoja de puntuación en la página siguiente.)

Hoja de Puntuación de Evaluación de Dones Espirituales

- Por favor, **registra tus puntuaciones** de las dos páginas anteriores en este gráfico. Presta atención a la numeración de las preguntas: ¡cuenta de un lado al otro, no hacia abajo!
- Una vez hecho esto, **totaliza cada columna** para obtener un número para cada letra.
- Luego, circula tus puntuaciones superiores 3-5 (mirando de la A a la W).
- Ten en cuenta tus puntuaciones más bajas de 3-5 (simplemente mirando de la A a la S).
- Pasa a la página siguiente para encontrar tus dones correspondientes (y probablemente no dones).

1.	2.	3.	4.	5.	6.	7.	8.	9.	10.	11.	12.
24.	25.	26.	27.	28.	29.	30.	31.	32.	33.	34.	35.
47.	48.	49.	50.	51.	52.	53.	54.	55.	56.	57.	58.
A.	B.	C.	D.	E.	F.	G.	H.	I.	J.	K.	L.

13.	14.	15.	16.	17.	18.	19.	20.	21.	22.	23.
36.	37.	38.	39.	40.	41.	42.	43.	44.	45.	46.
59.	60.	61.	62.	63.	64.	65.	66.	67.	68.	69.
M.	N.	O.	P.	Q.	R.	S.	T.	U.	V.	W.

Resultados de la Evaluación de Dones Espirituales

Dones Espirituales	Anota tus mejores 3-5 puntuaciones (A – W):	Anota las menores 3-5 puntuaciones (A - S):	¿Qué dones tuyos afirman los demás? (Pregunta a algunas personas que te conocen bien):
Administración A			
Apostolado B			
Expresión Artística C			
Artesanía D			
Discernimiento E			
Evangelismo F			
Exhortación G			
Fe H			
Generosidad I			
Ayuda J			
Hospitalidad K			
Intercesión L			
Conocimiento M			
Liderazgo N			
Misericordia O			
Profecía P			
Pastorado Q			
Enseñanza R			
Sabiduría S			
Sanidad T*			
Poderes milagrosos U*			
Lenguas V*			
Interpretación de lenguas W*			

*Busca más explicaciones en la página 53.

REPASA LOS ÚLTIMOS CINCO DÍAS DE LA TAREA:

- En las Escrituras que leíste y tus respuestas a las preguntas relacionadas, selecciona una lección clave que hayas aprendido.
- De las preguntas de reflexión personal, selecciona una cosa que aprendiste acerca de tí mismo, tu llamado o como Dios te ha equipado.
- Transfiere estas dos lecciones a la tabla en la página 164.

Guía de discusión para grupos pequeños de la segunda semana

Llamado y dones

Día Uno: Único, Apartado, Madurando

1. Analiza la experiencia al responder a los conceptos del Salmo 139.
2. Analiza lo que significa ser apartados para la obra de Dios.
3. Si somos un pueblo escogido, un sacerdocio real, una nación santa, analiza algunas de las maneras prácticas en que se puede vivenciar.

Día Dos: Llamado Universal y Capacitación

1. Haz que el grupo vuelva a consultar el gráfico de los llamados universales en la página 33. Dedica tiempo para analizar las implicaciones de estos llamados universales en nuestra vida como cris tianos.
2. Reflexiona sobre los conceptos de que Dios "los capacite con todo lo bueno para hacer su voluntad" y cumplirá "en nosotros lo que le agrada" (Hebreos 13:20-21).

Día Tres: Dios trabajando a través de ti

1. Reflexiona sobre los conceptos de que eres "hechura de Dios, creada en Cristo Jesús para hacer buenas obras, las cuales Dios dispuso de antemano a fin de que las pongamos en práctica" (Efesios 2:10); y que "Dios puede hacer que toda gracia abunde para ustedes, de gran manera que siempre, en toda buena obra abunde en ustedes" (2 Corintios 9:8).
2. ¿Encuentras que estos conceptos sean liberadores o alentadores?

Día Cuatro: Listado de dones que se encentran en las Escrituras

Se espera que todos hayan tomado el tiempo para buscar y familiarizarse con la lista de dones de las Es crituras. Si no es así, consulta la página 40 para revisar la lista, brevemente.

Día Cinco: Tus Dones

1. Pide a cada persona que haga una lista de los 2 dones de mayor y de menor puntuación.
2. Ten en cuenta la diversidad (y la similitud) entre los dones de tu grupo.

OREN EFESIOS 1:18-23 juntos como grupo al final de su tiempo de discusión.

"...que les sean iluminados los ojos del corazón para que sepan a qué esperanza él los ha llamado, cuál es la riqueza de su gloriosa herencia entre los santos, y cuán incomparable es la grandeza de su poder a favor de los que creemos. Ese poder es la fuerza grandiosa y eficaz que Dios ejerció en Cristo cuando lo resucitó de entre los muertos y lo sentó a su derecha en las regiones celestiales, muy por encima de todo gobierno y autoridad, poder y dominio, y de cualquier otro nombre que se invoque, no solo en este mundo, sino también en el venidero. Dios sometió todas las cosas al dominio de Cristo, y lo dio como cabeza de todo a la iglesia. Esta, que es su cuerpo, es la plenitud de aquel que lo llena todo por completo".

NOTAS

NOTAS

Tus dones espirituales y el Cuerpo de Cristo

Semana Tres

Tus dones espirituales y el Cuerpo de Cristo

Eres único

En muchas partes de la Escritura, Dios deja claro que cada uno de nosotros es precioso para Él, creado de manera única y especialmente para un propósito de Su diseño. Vemos en Salmos 139:14 que somos "es una creación admirable", hecha por Dios. Efesios 2:10 añade que somos "hechura de Dios", creada para hacer el bien.

Apartado para Dios

Como creyentes, hemos sidos convertidos en parte de la familia de Dios para siempre: "Pero ya han sido lavados, ya han sido santificados, ya han sido justificados en el nombre del Señor Jesucristo y por el Espíritu de nuestro Dios" (1 Corintios 6:11). "Pero ustedes son linaje escogido, real sacerdocio, nación santa, pueblo que pertenece a Dios, para que proclamen las obras maravillosas de aquel que nos llamó de las tinieblas a su luz admirable" (1 Pedro 2:9).

Eres llamado y capacitado por Dios

Tú y yo somos llamados por Dios para hacer Su obra en el mundo Y capacitados por Él para hacer lo que nos ha llamado hacer. Parte de esa capacitación es dar a cada creyente en Jesucristo dones espirituales—habilidades especiales facultadas por el Espíritu Santo—para lograr Sus propósitos y traerle gloria a Él. Efesios 4:11-13 dice que Dios da dones "a fin de capacitar al pueblo de Dios para la obra de servicio, para edificar el cuerpo de Cristo. De este modo, todos llegaremos a la unidad de la fe y del conocimiento del Hijo de Dios, a una humanidad perfecta que se conforme a la plena estatura de Cristo". No estamos solos en esto. Dios hará Su obra dentro y a través de nosotros, a medida que se nos sometemos a Él y que estamos sensibles a Su liderazgo. Filipenses 1:6 nos da confianza de que Dios completará la obra que ha comenzado en nosotros.

LAS GUÍAS DE ESTUDIO DE ESTA SEMANA

Día Uno: Evaluando tus Descubrimientos
Días Dos y Tres: Profundizando
Día Cuatro: Ser el Cuerpo de Cristo
Día Cinco: Diversidad, Unidad y Paz
Guía de discusión para grupos pequeños para la
  tercera semana

DÍA UNO   EVALUANDO TUS DESCUBRIMIENTOS

Haz una lista de tus 3 a 5 dones más fuertes aquí:

Marca los que confirman lo que ya sabías de ti mismo.

Pon un signo de interrogación (?) junto a cualquiera que te sorprenda o donde no estés seguro de saber lo que significa. ¿Por qué son una sorpresa? ¿Qué más desearías saber de ellos?

¿Cuál(es) son los 5 más fuertes que esperabas ver, pero obtuvieron las puntuaciones bajas? ¿Por qué piensas que pasó eso?

Los dones no siempre son sinónimos de títulos. ¿Eres tú maestro pero no te ha resultado el don de la Enseñanza? Piensa en tu contexto. ¿Estás en un contexto donde el don más útil es realmente Administración, Exhortación, Sabiduría o Pastorado? ¿Esos aparecieron para ti en vez de Enseñanza? ¿O eres un líder pero no pareces tener el don del Liderazgo? ¿Realmente es el de Liderazgo que necesitas para tu contexto o el de Administración? ¿Fe? ¿Apostolado? Piensa más en LO QUE haces... el papel que juegas. Tal vez parte de este viaje para ti es abrazar los dones que tienes y soltar los que pensabas que deberías de tener.

Menciona de 3 a 5 áreas donde tus puntuaciones son más bajas (sólo mirando dones A-S):

¿Podrían estas puntuaciones bajas mostrarte tu necesidad de otros?

Clarificando Algunas Cosas

Si esperabas encontrar un determinado don en tus resultados, pero tu puntuación fue baja, eso podría ser por una de las siguientes razones:

- Piensa en dónde estaban tu mente y tu corazón cuando hiciste la evaluación. Vale la pena repasar las preguntas para ver si te diste una puntuación inusualmente alta o notablemente baja para una pregunta en uno de los grupos.
- ¿Fuiste realmente honesto al responder, dándote una puntuación no sólo de 0 y 1, sino también de 4 y 5?
- Pregúntate, ¿es tal vez una decepción tuya porque querías ese don, pero en realidad no lo tienes?
- ¿Será una confusión entre títulos y dones?
- Ningún instrumento/evaluación de dones espirituales es perfecto.

¿Qué pasa si un don apareció en tu lista y piensas, "No tengo eso"... o incluso "No quiero ese don"?

- Recuerda la definición de un don espiritual como algo que Dios te da y que Dios decide el quién y el cómo. Si te ha dado un don en particular, Dios tiene la intención de que lo tengas y que lo uses.
- ¿Es un don o es una disciplina espiritual a la que eres tan fiel en tu vida que tendrías que haber respondido afirmativamente a todas esas preguntas? Revisa las preguntas y tus puntuaciones y considera.
- Pregúntale a tus amigos y familiares que te conocen bien, por lo general pueden afirmar y confirmar; a menudo pueden ver cosas que tú no ves.

Piensa en los dones como una manifestación del carácter de Dios. Pueden ser pequeñas cosas hechas en el nombre de Cristo a través de tu presencia. No te compares con otra persona con ese don, porque no se verá igual. Este es el plan de Dios para la iglesia, que estemos con otras personas que son diferentemente dotadas.

Además, los dones dados a las personas en un entorno particular, con frecuencia encajan con ese entorno. Piense en su propio ministerio o entorno de la iglesia. ¿Hay más de un cierto don en evidencia? ¿Qué podría significar eso?

¿Ha dotado Dios abundantemente a su equipo/grupo a propósito de un ministerio actual o futuro?

¿Qué podría estar diciéndote la dotación de tu equipo acerca de las posibles oportunidades de ministerio que actualmente no están aprovechando?

Piense de nuevo en su propio ministerio o entorno de la iglesia. ¿Hay algún don o dones en particular que parezca faltar en la mezcla de personas? ¿Qué significa eso?

Si has realizado una evaluación de dones antes, compara tus resultados anteriores con este nuevo conjunto. ¿Qué es lo mismo? ¿Qué es diferente? Basado en tus puntuaciones actuales de evaluación, ¿qué crees que Dios te esté diciendo?

Recuerda que aclarar y vivir tus dones y llamado implica un proceso continuo de pedir claridad al Señor. Dios honra esa oración cada vez.

Acerca de los dones T, U, V, W:

Estos últimos cuatro dones están en cuadros con sombra más oscura por varias razones:
- En una evaluación como esta, es difícil proporcionar tres preguntas para estos cuatro dones que abarquen la experiencia del don de la mayoría de las personas. Por lo tanto, de hecho, tu puedes tener uno de estos dones, pero las tres preguntas son menos descriptivas que tu propia experiencia de ese don.
- Es posible que nunca hayas tenido la oportunidad de ver si tienes uno de estos dones, por lo que tu puntuación probablemente ha sido un cero o bastante baja. Eso no significa necesariamente que no tengas el do.
- Algunas iglesias tienen mucha confusión sobre el uso de estos cuatro dones o no enseñan sobre ellos en absoluto. Por eso, su propia historia religiosa, afecta su puntuación también.

¿Qué te dicen las puntuaciones de Sanidad, Poderes Milagrosos, Lenguas e Interpretación de Lenguas (Dones T, U, V, W)?

(Consulte también las páginas individuales 94 a 101 para estos dones y el Apéndice A para obtener más detalles.)

TOMA UN TIEMPO PARA ORAR sobre tus dones:

—que Dios te ayude a abrazar los dones que ha considerado apropiados para ti,

—que el Señor te ayude a dejar a un lado el deseo de tener dones diferente de los que Él te ha dado,

—que Su Espíritu te empodere para usar tus dones de maneras nuevas,

—que Él te de claridad en la comprensión de los dones espirituales,

—que Dios te ayude a ver las formas en que los dones de los demás complementan los tuyos.

DÍA DOS Y TRES

PROFUNDIZANDO

*E*n las siguientes páginas (56-101), encontrarás descripciones de cada don, junto con algunos negativos y algunas sugerencias de espacios para servir usando cada don.

Familiarízate con tus dones más fuertes:

Para cada uno de tus dones fuertes, localiza las dos páginas que proporcionan más detalles y sigue las instrucciones en esas páginas, que incluyen:

1. Toma nota de tus dones y sus definiciones.

2. Revisa las preguntas sobre la evaluación que corresponden a ese don. Cuando vuelvas a leer esas preguntas, observa si se destaca algo acerca de tu uso del don.

3. ¿Te describe la lista adicional de palabras?

4. Al mirar la lista de negativos, ten en cuenta las cosas que pueden suceder si nos enfocamos en el don y no en el Dador del don o si confiamos en nuestra propia fuerza y no en la del Espíritu Santo dentro de nosotros. ¿Te describe esto a veces? Anote sus pensamientos en el espacio proporcionado en cada página.

5. En la medida que examines la lista de posibles maneras de usar el don, piensa en términos generales: ¿Encaja en la iglesia, en la comunidad, en tu lugar de trabajo, en tu vecindario, en tu hogar? ¿Te da esto más ideas de cómo y dónde podría manifestarse este don? ¿Qué añadirías a estas listas?

Una vez que hayas terminado de explorar tus dones en las siguientes páginas, ve al día cuatro en la página 102.

ADMINISTRACIÓN

Aquellos con dones de **Administración** aportan eficiencia y orden a la iglesia y a otras organizaciones. Estos son generalmente los planificadores, los que establecen metas o los gerentes. Buscan nuevas formas de ayudar a los grupos de personas y que las tareas necesarias se ejecuten de manera más eficaz.	Este es uno de mis dones _____ No estoy seguro si tengo este don _____ Este no es uno de mis dones _____
Preguntas de la evaluación de dones que pertenecen a la Administración:	Revisa cada pregunta y anota lo que te viene a la mente:
Soy bueno cuidando detalles que otras personas podrían descuidar.	
Otros me buscan por mis habilidades organizativas.	
Si alguien tiene una buena visión, puedo hacer el trabajo de ponerla en práctica.	
Algunas palabras que describen a las personas con este don:	Pon una marca a continuación si sientes que la palabra te describe:
Organizador	
Planificador	
Estratega	
Desarrollador	
Orientado a metas	
Eficiente	
Posibles negativos para este don:	Marca los que percibes como advertencias particulares para tu uso del don:
Perderse en los detalles y no recordar la visión/misión/propósito.	
Orgullo en las habilidades organizativas en lugar de dar crédito a Dios por el talento que exhibes.	
Confiar en programas y proyectos al costo de las personas y necesidades.	

ADMINISTRACIÓN

Algunas maneras posibles de servir usando este don:	Marca las formas de servir que te suenan como un potencial adecuado para ti, o agrega a la lista:
• Miembro o presidente del Comité	
• Facilitador	
• CEO/COO	
• Planificador estratégico	
• Conductor y analizador de encuestas	
• Organizador del evento	
• Asistente administrativo/asistente ejecutivo	
• Anciano/fideicomisario	
• Coordinador de bodas	
• Miembro del comité del plan estratégico/maestro	
• ¡Dondequiera!	

Pensamientos de individuos con este don:

JB: "Me encanta organizar personas, ideas, información, proyectos. Estar en el centro del centro y poner todas las variables en su lugar para alcanzar una meta de manera efectiva y eficiente es mi punto dulce".

SD: "Me encanta sacar orden del desorden. Dios me ha hecho bueno para ver las cosas que hay que hacer para facilitar o llevar a cabo un proyecto. Mantener a muchas personas y tareas a tiempo es algo que puedo hacer sin un montón de estrés. Veo esto como un don de liderazgo y como un don de apoyo".

CB: "He utilizado mi don espiritual de la Administración para ayudar con las actividades 'detrás de las escenas' tanto aquí en la iglesia como en organizaciones sin fines de lucro donde soy voluntario. Puedo no estar 'en frente y en el centro', pero estoy trabajando para ayudar a la iglesia/organización a funcionar de manera más eficiente y eficaz, lo que para mí, típicamente está en el área de finanzas/contabilidad/presupuesto".

Si crees que tienes este don, escribe tu propio pensamiento (una descripción de cómo se ve esto en tu vida):

Después de haber revisado este don en detalle (arriba), ¿quién más crees que manifiesta este don?

Anota tus reacciones/reflexiones aquí:

APOSTOLADO

Aquellos con dones de **Apostolado** introducen nuevos ministerios en la iglesia. Se trata de personas que abren nuevos caminos, son pioneros en nuevos esfuerzos y salen a un territorio desconocido. Pueden tener un gran deseo de tender la mano a los pueblos no alcanzados, de establecer un nuevo ministerio y de difundir la visión de la misión de la iglesia.	Este es uno de mis dones ——————— No estoy seguro si tengo este don ——————— Este no es uno de mis dones ———————
Preguntas de la evaluación relacionadas con el Apostolado:	Revisa cada pregunta y anota lo que te viene a la mente:
He tenido éxito en la creación de nuevos ministerios.	
Cuando veo una necesidad en la iglesia o en la comunidad, imagino cómo crear un ministerio para satisfacer la necesidad.	
Me han dicho que exhiba una capacidad empresarial.	
Algunas palabras que describen a las personas con este don:	Pon una marca a continuación si sientes que la palabra te describe:
Iniciador	
Emprendedor	
Pionero	
Arriesgado	
Aventurero	
Culturalmente sensible	
Posibles negativos para este don:	Marca los que percibes como advertencias particulares para tu uso del don:
Puede aburrirse fácilmente con los ministerios/programas existentes.	
Puede estar siempre abogando por el cambio y la innovación sin reconocer la capacidad a menudo limitada de las personas para el cambio o no detectar el agotamiento del cambio.	
La visión puede entrar en conflicto con la de otros líderes clave de la organización.	

Algunas maneras posibles de servir usando este don:	Marca las formas de servir que te suenan como un potencial adecuado para ti, o agrega a la lista:
• Fundador de una empresa	
• Misionero a corto plazo	
• Misionero a largo plazo	
• Fundador de nuevos ministerios eclesiásticos	
• Fundador de nuevos eclesiásticos	
• Iniciador de una nueva organización comunitaria/sin fines de lucro	
• Participante donde hay necesidad de un nuevo ministerio o un nuevo enfoque del ministerio	
• Miembro de comité de visión	
• Miembro del comité de planificación estratégica	
• Adoptador temprano de nuevas ideas	
• Inventor	

APOSTOLADO

Pensamientos de individuos con este don:

KV: "Tengo un gran deseo de alcanzar a los pueblos no alcanzados, ayudar a establecer nuevos ministerios y difundir la visión de la misión de la iglesia. Me siento más cómodo en entornos que son culturalmente diferentes a la mayoría de los Estados Unidos".

DS: "Creo que el don del apostolado se trata de verse obligado a abrir nuevos caminos y a establecerse en nuevas fronteras. He estado involucrado con ministerios nuevos durante la mayor parte de mi vida adulta, y todavía sigo encontrando los e involucrándome. Nuevas iglesias, una iglesia en un bar, nuevos ministerios, nuevas clases, un estudio bíblico de barrio, un nuevo instituto y una nueva iniciativa son algunas de las 'nuevas' que han formado mi llamado de apostolado. Nada como el camino a Damasco, pero el continuo toque del Espíritu me mueve hacia adelante".

LS: "Aprender que tengo el don del Apostolado ha arrojado tanta luz sobre por qué me encanta ser pionero en nuevos lugares para el alcance del Evangelio y la justicia para los pobres y oprimidos. Este don continúa permitiéndome cruzar culturas de forma natural y crear nuevas oportunidades para los movimientos, el discipulado y el ministerio sostenido, ya sea en los Estados Unidos o en el extranjero".

Si crees que tienes este don, escribe tu propio pensamiento (una descripción de cómo se ve esto en tu vida):

Después de haber revisado este don en detalle (arriba), ¿quién más crees que manifiesta este don?

Anota tus reacciones/reflexiones aquí:

EXPRESIÓN ARTÍSTICA

El Don Espiritual de **Expresión Artística** también podría ser llamado el don de la alabanza o la adoración. Aquellos que tienen este don tienen una habilidad especial para comunicar la belleza, la majestuosidad y el mensaje de Dios a través de las bellas artes; incluye drama, escritura creativa, música, danza y dibujo. A través de su inspiración dada por Dios, estas personas usan sus dones para atraernos para que podamos centrarnos en Dios, su creación y su mensaje para nosotros. Muchos con este don hablan de sentirse impelidos a usarlo imitando a Dios el Creador y a mostrar a los demás cómo Dios trabaja.	Este es uno de mis dones _____ No estoy seguro si tengo este don _____ Este no es uno de mis dones _____
Preguntas sobre la evaluación relacionadas con la Expresión Artística:	Revisa cada pregunta y anota lo que te viene a la mente:
Dios usa mis dones artísticos/musicales para ayudar a la gente a adorarlo.	
Puedo comunicar cosas importantes acerca de Dios a los demás a través de la escritura creativa, el arte o la música.	
Expreso algo de la creatividad de Dios a través de la danza, la comunicación creativa, la pintura, el dibujo o el teatro.	
Algunas palabras que describen a las personas con este don:	Pon una marca a continuación si sientes que la palabra te describe:
Artístico	
Expresivo	
Creativo	
Carismático	
Original	
Innovador	
Posibles negativos para este don:	Marca los que percibes como advertencias particulares para tu uso del don:
Creer que cualquier aclamación o atención pública es para uno mismo y tus propias habilidades.	
Anhelar la atención que viene con este don.	
Centrarse únicamente en el arte y no en el propósito de traer gloria a Dios.	

Algunas maneras posibles de servir usando este don:	Marca las formas de servir que te suenan como un potencial adecuado para ti, o agrega a la lista:
• Líder/miembro del equipo de adoración	
• Director/miembro coro	
• Director/miembro del equipo de drama	
• Líder o miembro de banda u orquesta	
• Artista/pintor/dibujante	
• Cantante/compositor/solista	
• Escritor/autor/periodista	
• Actor/actriz	
• Coreógrafo/bailarina	
• Videógrafo/fotógrafo	

EXPRESIÓN ARTÍSTICA

Pensamientos de individuos con este don:

JB: "¡Dios siempre ha hablado de comunicación creativa! ¡Ángeles aparecen en la noche, arbustos arden, los burros hablan, lo que sea! Como alguien que enseña a la gente a hacer presentaciones más efectivas, ¡constantemente me recuerda lo importante que es salir del camino! Cuando entro en un taller, completamente abierto a lo que Él me haga decir y hacer, mi clase SIEMPRE es maravillosa. Soy más creativa, la clase está más ansiosa por decirme más acerca de ellos, y el tiempo juntos se convierte en tiempo con Jesucristo".

MR: "Dios me ha dotado de cierta creatividad que me siento obligado a usar, reconociendo al Dador. Esto se desarrolla en todos los aspectos de mi vida, porque es profundamente parte de lo que soy. Ojala, mi decisión de vivir esto honre a Dios, ya sea a través de una carta que escribo, una fotografía que tomo, una conversación que tengo, una mesa que pongo o una canción que canto".

Si crees que tienes este don, escribe tu propio pensamiento (una descripción de cómo se ve esto en tu vida):

Después de haber revisado este don en detalle (arriba), ¿quién más crees que manifiesta este don?

Anota tus reacciones/reflexiones aquí:

ARTESANÍA

Las personas con el don de **Artesanía** son expertas en trabajar con materias primas (madera, tela, arcilla, pinturas, vidrio, etc.), ayudando a crear cosas que se utilizan para el ministerio o que ayudan a satisfacer necesidades tangibles. Se pueden encontrar arreglando, remodelando y mejorando edificios, y/o creando y cosiendo edredones bonitos, almohadas, colgantes de pared, con el objetivo final de honrar a Dios y beneficiar a los demás. Ellos ven el uso de su don como una forma de servir a los demás de manera práctica y tangible.	Este es uno de mis dones _____ No estoy seguro si tengo este don _____ Este no es uno de mis dones _____
Preguntas sobre la evaluación relacionadas con la Artesanía:	Revisa cada pregunta y anota lo que te viene a la mente:
Disfruto trabajando con mis manos para crear cosas que facilitan mi propio ministerio o el de otro.	
Soy experto en crear artículos útiles a partir de materiales como vidrio, metal, madera, papel, etc.	
Otros dependen de mí para hacer o reparar cosas.	
Algunas palabras que describen a las personas con este don:	Pon una marca a continuación si sientes que la palabra te describe:
Creativo	
Experto	
Diseñador	
Práctico	
Ingenioso	
Capaz	
Posibles negativos para este don:	Marca los que percibes como advertencias particulares para tu uso del don:
No ver la conexión entre este don y los propósitos de Dios.	
Fallar en reconocer que su habilidad única o excepcional en algo práctico es un don espiritual y no simplemente un talento.	

Algunas maneras posibles de servir usando este don:	Marca las formas de servir que te suenan como un potencial adecuado para ti, o agrega a la lista:
• Constructor/reparador de edificios/instalaciones	
• Creador de banners, letreros	
• Paisajista/jardinero	
• Miembro del equipo de trabajo/artesano	
• Artista/pintor	
• Artesano	
• Constructor/coordinador de conjuntos de drama	
• Construcción/instalación	
• Diseño de interiores	
• Arquitecto	
• Carpintero/ebanista	
• Sastre o costurero	

ARTESANÍA

Pensamientos de individuos con este don:

KT: "Veo mi don de artesanía como una capacidad para servir a los demás a través de la construcción (y reparación) de cosas. Me parece que soy capaz de analizar una situación e idear una solución a ella".

JF: "La artesanía es el resultado de haber recibido una oportunidad atractiva para diseñar algo importante, definido por la creatividad. La artesanía apareció en los dones de dos de mis héroes bíblicos de todos los tiempos, descritos en Éxodo 31:1-5 y 35:30-34. Sus extraordinarios dones dieron lugar a la artesanía, basada en la vivencia del Espíritu, sabiduría, inteligencia y un gran interés en el desarrollo de habilidades artísticas, perfeccionadas para beneficiar a los demás, y por lo tanto, honrar a Dios. Cuando la artesanía ocurre en mi vida, es porque se ha cumplido un desafío artístico, inspirando a un grupo específico de 'observadores', con suerte incluyendo 'La Audiencia de Uno (Dios)'".

Si crees que tienes este don, escribe tu propio pensamiento (una descripción de cómo se ve esto en tu vida):

Después de haber revisado este don en detalle (arriba), ¿quién más crees que manifiesta este don?

Anota tus reacciones/reflexiones aquí:

Discernimento

El don espiritual de **Discernimiento** es la capacidad dada por Dios, por medio de Su Espíritu Santo, de distinguir entre el bien y el mal, la verdad y el error, de una manera útil para el Cuerpo de Cristo. Estas personas proporcionan una visión muy necesaria, señalan incoherencias en la enseñanza de la Palabra de Dios, desafían el engaño en los demás y ayudan a distinguir los motivos impuros y puros. Este don puede ser una sensación intuitiva de que algo no está bien en las palabras o acciones de los demás. Puede ayudar a otros a tamizar relaciones y compromisos saludables versus insalubres, identificar la guerra espiritual y la actividad del enemigo, y señalar la deshonestidad.	Este es uno de mis dones _____ No estoy seguro si tengo este don _____ Este no es uno de mis dones _____
Preguntas sobre la evaluación relacionadas con el Discernimiento:	Revisa cada pregunta y anota lo que te viene a la mente:
Cuando escucho a alguien decir que está enseñando de la Biblia, por lo general puedo decir si la enseñanza es sana o poco sólida.	
Puedo decir cuando hay un mal espiritual en una situación.	
Otros me han dicho que tengo un fuerte sentido intuitivo, viendo peligros u oportunidades que otros no ven.	
Algunas palabras que describen a las personas con este don:	Pon una marca a continuación si sientes que la palabra te describe:
Intuitivo	
Perceptivo	
Perspicaz	
Observador	
Consciente	
Sensible	
Posibles negativos para este don:	Marca los que percibes como advertencias particulares para tu uso del don:
Se puede ver como alguien juzgando a la hora de señalar lo que otros no ven.	
Puede tender a sentirse orgulloso por distinguir el bien del mal antes que los demás.	
A veces puede discernir algo que Dios simplemente quiere llamar su atención en oración privada, pero se siente inclinado a compartirlo prematuramente.	

Algunas maneras posibles de servir usando este don:	Marca las formas de servir que te suenan como un potencial adecuado para ti, o agrega a la lista:
• ¡Se necesita en todos los ministerios y en todos los equipos!	
• Ministerio de consejería/asesor de dones espirituales	
• Resolución/mediación de conflictos	
• Mentor/entrenador de vida	
• Profesor de Educación para Adultos/Profesor/Asistente de la Escuela Dominical	
• Anciano/diácono	
• Miembro del comité de personal/recursos humanos	
• Líder de estudio bíblico/asistente/líder de adoración	
• Equipo de oración	
• Periodista	

DISCERNIMIENTO

Pensamientos de individuos con este don:

AH: "Muchas veces, mi don de discernimiento es una respuesta intuitiva a alguien en una reunión del comité o algo que el grupo está buscando. No se 'siente' bien. Hay un detector espiritual incorporado que se enciende cuando algo que se dice o las acciones a tomar no parecen correctas".

DB: "En mi ministerio de mentoría, he podido ayudar a los jóvenes a diferenciar entre las relaciones correctas de las erróneas, las decisiones de carrera correctas de las incorrectas, los motivos puros y santos de los impuros y pecaminosos. He podido ayudar a otros cristianos a identificar y lidiar con motivos, palabras y acciones engañosas en su caminar diario con el Señor. He podido identificar y orar por situaciones que involucran la guerra espiritual en las que Satanás y sus huestes están atacando una obra, un testimonio o una relación cristiana".

Si crees que tienes este don, escribe tu propio pensamiento (una descripción de cómo se ve esto en tu vida):

Después de haber revisado este don en detalle (arriba), ¿quién más crees que manifiesta este don?

Anota tus reacciones/reflexiones aquí:

EVANGELISMO

Aquellos con el don espiritual de **Evangelismo** son personas que parecen siempre tratar de construir relaciones significativas con los no creyentes y a menu do son capaces de dirigir las conversaciones con estos "vecinos" a las cosas espirituales. Se les permite, en el poder del Espíritu Santo, comunicar las buenas nuevas de Jesús a los incrédulos de tal manera que la gente cree y se comprometen a seguir a Cristo. Estas personas simplemente no pueden "no compartir" su fe.	Este es uno de mis dones _____ No estoy seguro si tengo este don _____ Este no es uno de mis dones _____
Preguntas sobre la evaluación relacionadas con el Evangelismo:	Revisa cada pregunta y anota lo que te viene a la mente:
Cuando hablo con los no cristianos acerca de Jesús, a menudo están interesados en lo que tengo que decir.	
Compartir el Evangelio me llega fácilmente.	
Desarrollo activamente relaciones y me acerco a los que están fuera de la comunidad eclesiástica.	
Algunas palabras que describen a las personas con este don:	Pon una marca a continuación si sientes que la palabra te describe:
Convencido	
Franco	
Persuasivo	
Confiable	
Accesible	
Corazón por los perdidos	
Posibles negativos para este don:	Check the ones that feel like particular warnings for your use of the gift:
Puede pensar que la venida de la gente a la fe en Jesús depende más de la habilidad del evangelista que del poder del Espíritu Santo.	
Puede tratar de usar este don primero en todas las situaciones, cuando algunas podrían requerir el don de ayuda o de misericordia primero, y evangelismo después.	
Puede forzar las respuestas a las preguntas que los oyentes aún no están haciendo.	

Algunas maneras posibles de servir usando este don:	Marca las formas de servir que te suenan como un potencial adecuado para ti, o agrega a la lista:
• Voluntariado comunitario/entrenador deportivo	
• Amigo de un estudiante internacional	
• Líder del estudio bíblico	
• Equipo de drama	
• Equipo evangelístico	
• Miembro del comité de misiones/misioneros a corto o largo plazo	
• Equipo de llamadas a visitantes	
• Ministerio penitenciario	
• Director/ayudante/escuela dominical/ayudante de la Escuela Bíblica de Vacaciones	
• Líder/asistente juvenil	
• En cualquier lugar del lugar de trabajo	

EVANGELISMO

Pensamientos de individuos con este don:

BH: "Sabiendo que Dios tiene un propósito para todo, cada vez que me encuentro con una persona pienso en términos de una oportunidad para compartir el amor y el mensaje de Jesús. Intento hablar, dar un folleto evangelístico o dejar una puerta abierta para una conversación más. He visto a muchos venir a Jesús y no hay mayor gozo".

LB: "Tengo un corazón para las personas que pueden haber sido dañadas por la iglesia en su juventud, y aquellos que están apagados acerca de Jesús debido a la derecha religiosa. Me encanta poner sus ideas de Dios patas arriba, presentándoles a Jesús de una manera fresca e inesperada. Paso la mayor parte del tiempo escuchando, a veces concordando con ellos acerca de los abusos que perciben, pero luego compartiendo lo que Dios ha hecho por mí. En eso no hay discusión".

RD: "Los buenos evangelistas son personas que involucran a otros en conversaciones sobre temas importantes y profundos como la fe, el significado, la esperanza, el propósito, la bondad, la belleza, la verdad, la justicia y la vida. Trabajamos para ser fluidos en dos idiomas; el idioma del mundo en el que vivimos y el lenguaje del Evangelio. Me parece que soy más un intérprete/traductor de la Buena Nueva. Mi desafío es compartir el amor de Cristo de maneras que aborden la cabeza, el corazón y nuestra imaginación".

Si crees que tienes este don, escribe tu propio pensamiento (una descripción de cómo se ve esto en tu vida):

Después de haber revisado este don en detalle (arriba), ¿quién más crees que manifiesta este don?

Anota tus reacciones/reflexiones aquí:

EXHORTACIÓN

El don de **Exhortación** implica ofrecer una palabra de esperanza combinada con un suave empujón a la acción para aquellos que están desanimados, indecisos, o que necesitan dirección. Las personas con este don se unen para ofrecer tranquilidad y afirmación, y, cuando sea necesario, para desafiar o confrontar, todo con el objetivo de ver a los demás crecer a una mayor madurez. Los exhortadores, por medio del poder del Espíritu Santo, pueden ayudar a las personas a moverse más lejos y a ir más profundo de lo que lo harían si se las deja hacerlo por sí mismas. Estas personas nos ayudan a recorrer la distancia y creer en nuestro gran valor, incluso en tiempos de desafío o ataque personal. Este don a veces se llama Aliento.	Este es uno de mis dones _____ No estoy seguro si tengo este don _____ Este no es uno de mis dones _____
Preguntas sobre la evaluación relacionadas con la Exhortación:	Revisa cada pregunta y anota lo que te viene a la mente:
Soy capaz de motivar a otros a perseverar ante el desdén y las luchas.	
La gente piensa en mí como un amigo alentador.	
Disfruto ayudando a las personas a dar pasos hacia una mayor madurez en cualquier aspecto de sus vidas.	
Algunas palabras que describen a las personas con este don:	Pon una marca a continuación si sientes que la palabra te describe:
Afirmando a otros	
Optimista	
Tranquilizador	
Alentador	
Motivador	
Fortalecedor	
Posibles negativos para este don:	Marca los que percibes como advertencias particulares para tu uso del don:
A veces puede hablar una palabra de esperanza solo para ser querido por los demás.	
La exhortación puede hacer que el animador sea atractivo para los demás, haciendo que uno olvide que el don es de Dios no de la persona.	
Puede ser una persona que necesite mucho aliento, así que puede desanimarse personalmente si se siente como la única que exhorta a los demás.	

Algunas maneras posibles de servir usando este don:	Marca las formas de servir que te suenan como un potencial adecuado para ti, o agrega a la lista:
• Consejero	
• Mentor/asesor de dones espirituales	
• Maestro de Escuela Dominical/Maestro de Educación para Adultos/Líder de la Iglesia Infantil	
• Correspondencia a misioneros	
• Ministro de diaconía	
• Visitación de hospitales	
• Líder/asistente de grupos pequeños	
• Anciano/apoyo al personal pastoral	
• En cualquier lugar del lugar de trabajo	

EXHORTACIÓN

Pensamientos de individuos con este don:

GB: "Veo a Dios usando este don cuando tengo la oportunidad de venir junto a mujeres jóvenes que están lidiando con embarazos no planeados. No reciben mucho aliento en sus vidas, por lo que es una bendición permitir que Dios trabaje a través de mí para edificarlas en una época en la que se sienten tan inciertas acerca de cualquier cosa. Incluso un poco de aliento vale mucho".

FB: "He visto a Dios usar este don para llevar a las personas más alto de lo que habrían ido por su cuenta. Recuerdo que la primera vez que reconocí este don fue en un campamento de verano cuando era estudiante de último año en la escuela secundaria. Todo el campamento estaba subiendo una montaña hasta una cruz en la parte superior, y no fue una caminata fácil. Mucha gente necesitaba un estímulo serio, así que estaba cantando todo el camino y usando '¡gran trabajo!' una y otra vez. Ya cuando terminó, todos habíamos logrado la montaña. Así es como he visto a Dios usar este don en mi vida, utilizándome para ayudar a otros a llegar a la cima de una montaña que tal vez no hayan hecho por sí mismos".

Si crees que tienes este don, escribe tu propio pensamiento (una descripción de cómo se ve esto en tu vida):

Después de haber revisado este don en detalle (arriba), ¿quién más crees que manifiesta este don?

Anota tus reacciones/reflexiones aquí:

Fe

Tener el don de **Fe** es tener esa medida adicional de confianza en Dios y en sus promesas, para ayudar a inspirar a los demás a una mayor confianza. Quienes tienen este don en la iglesia viven constantemente en el conocimiento de que en medio de todas las cosas Dios obra para el bien para aquellos que han sido llamados según Sus propósitos (Romanos 8:28). Cuando otros comienzan a dudar o fracasar, estas son las personas que creen que Dios es bueno, Dios es amor, y Dios es justo, justo y misericordioso todo el tiempo. Las personas con este don obedecen a Dios, se arriesgan y hacen sacrificios y es porque confían plenamente en Dios.	Este es uno de mis dones _____ No estoy seguro si tengo este don _____ Este no es uno de mis dones _____
Preguntas sobre la evaluación relacionadas con la Fe:	Revisa cada pregunta y anota lo que te viene a la mente:
Estoy más seguro que la mayoría, de que Dios cumplirá Sus promesas.	
Ante la duda o la incertidumbre, persevero en hacer las cosas que Dios me ha llamado a hacer.	
En situaciones en las que otros podrían dudar de Dios, yo no.	
Algunas palabras que describen a las personas con este don:	Pon una marca a continuación si sientes que la palabra te describe:
Confiado	
Creyendo	
Optimista	
Con Esperanza	
Seguro	
Convencido	
Posibles negativos para este don:	Marca los que percibes como advertencias particulares para tu uso del don:
Puede carecer de empatía por aquellos que dudan o cuya fe es menos fuerte.	
Puede cruzar la línea en "probar a Dios".	
Puede preguntarse por qué los demás no actúan de acuerdo con las promesas de Dios tan rápidamente, completamente o de la misma manera que lo hace uno.	

Algunas maneras posibles de servir usando este don:	Marca las formas de servir que te suenan como un potencial adecuado para ti, o agrega a la lista:
• ¡En cualquier parte de la iglesia o de la comunidad!	
• Líder/ayudante del estudio bíblico	
• Anciano/diácono/miembro del comité	
• Ministerio de la juventud	
• Líder de adoración	
• Inicio de nuevos ministerios	
• Miembro del equipo de misiones	
• Padre adoptivo/padre sustituto	
• Trabajador en un ambiente hostil a la fe	

FE

Pensamientos de individuos con este don:

GO: "El don de fe, dado por Dios, me permite aceptar su voluntad para mi vida, sabiendo que obrará todas las cosas para bien, siempre porque yo lo amo (Rom. 8:28). Como dice la poetisa y artista, la hermana Corita Kent: 'Creer en Dios significa saber que todas las reglas son justas y que habrá sorpresas maravillosas'".

TV: "Para mí, tener fe significa no tener que preocuparse por nada. No importa cuán malas sean las cosas en cualquier momento en particular, tengo la confianza de que todo estará bien en última instancia".

Si crees que tienes este don, escribe tu propio pensamiento (una descripción de cómo se ve esto en tu vida):

Después de haber revisado este don en detalle (arriba), ¿quién más crees que manifiesta este don?

Anota tus reacciones/reflexiones aquí:

GENEROSIDAD

Las personas con el don de **Generosidad** (Dar) a menudo no lo ven como un "don" especial y/o no desean recibir el reconocimiento público por su generosidad. No hacen preguntas como "¿cuánto es demasiado"? En el poder del Espíritu Santo, las personas con el don de dar a menudo ven sus recursos de manera diferente. Los ven en la línea de "¿cuánto puedo regalar"? y "¿con cuán poco puedo vivir para liberar más recursos para el reino de Dios"? Viven como si todo lo que tienen pertenece a Dios, sabiendo que Dios proveerá para sus necesidades. Dar puede involucrar dar dinero, así como otros recursos como vivienda, comida, ropa, etc.	Este es uno de mis dones _____ No estoy seguro si tengo este don _____ Este no es uno de mis dones _____
Preguntas sobre la evaluación relacionadas con la Generosidad:	Revisa cada pregunta y anota lo que te viene a la mente:
Reorganizo las cosas en mi vida para poder dar mis recursos financieros u otros recursos más generosamente a la obra de Dios	
Con frecuencia busco oportunidades para aportar dinero o recursos de manera que haga una diferencia.	
Aunque mi generosidad suele estar destinada a ser anónima, la gente me conoce como caritativa y filantrópica con los recursos que Dios me ha dado.	
Algunas palabras que describen a las personas con este don:	Pon una marca a continuación si sientes que la palabra te describe:
Generoso	
Autocontrolado	
Responsable	
Ingenioso	
Sacrificial	
Mayordomo	
Posibles negativos para este don:	Marca los que percibes como advertencias particulares para tu uso del don:
Puede ser demasiado crítico con lo que otros consideran extravagancia.	
Puede ser visto como juicio de aquellos que no dan con generosidad.	
Puede tomar crédito indebido por la capacidad de ganar/ahorrar más en lugar de verlo como el don y la habilitación de Dios.	

Algunas maneras posibles de servir usando este don:	Marca las formas de servir que te suenan como un potencial adecuado para ti, o agrega a la lista:
• Donante a programas y proyectos eclesiásticos	
• Presidente de la campaña de administración/asistente/coordinador	
• Líder y/o participante en cursos sobre finanzas bíblicas	
• Recaudador de fondos o recursos para las necesidades de la comunidad o del ministerio	
• Asesor para personas con mucha deuda	
• Asesor financiero	
• Donante generoso a la comunidad y otras organizaciones	
• Proveedor de hospedaje para pasantes o misioneros	

GENEROSIDAD

Pensamientos de individuos con este don:

GB: "Dar, para mí, es realmente devolver a Dios de cualquier manera que se demuestre. Un don de mi tiempo, mis recursos financieros o mis habilidades parecen pequeñas en comparación con la forma en que Dios me ha bendecido en mi vida. Decisiones acerca de qué y cuánto dar tienden a girar en torno a la necesidad en ese momento, el mejor uso de los recursos que tengo, o las formas en que veo a Dios trabajando en mí a través de ese don. A veces, la situación implica una fuerte necesidad y estoy en disposición de llenarla. A veces mis habilidades particulares caben bien con la necesidad. A veces, un aporte financiero es una manera de convertir lo que hago bien en mi carrera en un medio para satisfacer una necesidad que no puedo llenar directamente a través de mis habilidades. A veces, me veo creciendo a través de la decisión de dedicar recursos al reino de Dios. A menudo, ese crecimiento sólo se ve en el espejo retrovisor de esa oportunidad. En todas estas situaciones, se trata de la voluntad de ser utilizado por Dios en la totalidad de mi vida, y que mis recursos sean un reflejo de cómo Dios me ha dotado, y de la gratitud por su provisión en mi vida".

DK: "El fundamento de Dar es la Verdad que todo pertenece a Dios para comenzar, y Él quiere que usemos lo que nos ha dado para llamar la atención a Sí mismo, para honrar y glorificar su nombre. Ha bendecido a nuestra familia ricamente en todos los sentidos. Lo más difícil para mí es caminar de cerca con El, reconociendo su dirección sin volver a hacer todo 'a mi manera', y confiar en Él sin sentir ansiedad por el futuro. La entrega de recursos financieros es la parte fácil. Siempre tenemos más que 'suficiente para cada buena causa', y oramos para poder 'ser generosos en todo momento'" (2 Corintios 9:7-8, 11).

Si crees que tienes este don, escribe tu propio pensamiento (una descripción de cómo se ve esto en tu vida):

Después de haber revisado este don en detalle (arriba), ¿quién más crees que manifiesta este don?

Anota tus reacciones/reflexiones aquí:

AYUDA

El don de **Ayuda** es uno que satisface las necesidades prácticas de los demás y de la iglesia/organización con el fin de mejorar, apoyar o cumplir el ministerio. Un atributo de este don es que muchos de estos siervos ven "ayuda" como una extensión natural de lo que son, les cuesta reconocer que es una parte esencial del Cuerpo de Cristo. Otros indicadores de alguien con el don de ayuda son que sirve voluntariamente, con gozo, humildemente y donde sea necesario. Detectan las necesidades antes que otros y a veces se sorprenden cuando otras personas no se dan cuenta de las cosas prácticas detrás del escenario que necesitan ser hechas.	Este es uno de mis dones _____ No estoy seguro si tengo este don _____ Este no es uno de mis dones _____

Preguntas sobre la evaluación relacionadas con la Ayuda:	Revisa cada pregunta y anota lo que te viene a la mente:
Cuando hay un trabajo por hacer, soy uno de los primeros en saltar y ser voluntario.	
No me importa particularmente lo que estoy haciendo para servir, siempre y cuando ayude a promover la obra de Dios en la iglesia o en el mundo.	
Disfruto hacer las cosas detrás del escenario, que apoyan los ministerios de los demás.	

Algunas palabras que describen a las personas con este don:	Pon una marca a continuación si sientes que la palabra te describe:
Apoyador	
Práctico	
Detrás del escenario	
Humilde	
Disponible	
Confiable	

Posibles negativos para este don:	Marca los que percibes como advertencias particulares para tu uso del don:
Puede que no vea su servicio detrás de los escenarios como un don espiritual.	
Puede que no valore su don por igual con los dones de los demás	

Puede tender a decir "sí" a demasiados compromisos por un profundo deseo de ser útil.	
Algunas maneras posibles de servir usando este don:	Marca las formas de servir que te suenan como un potencial adecuado para ti, o agrega a la lista:
• ¡Es útil donde quiera que se necesite ayuda!	
• Ayuda para la configuración/limpieza/detrás de escena de los eventos	
• Anfitrión de la hora del café	
• Preparador de la santa cena	
• Diácono	
• Ujier	
• Trabajador del servicio de alimentos	
• Trabajador de guardería	
• Asistente de oficina	
• Profesor y/o asistente de la Escuela Dominical	

AYUDA

Pensamientos de individuos con este don:

JK: "El uso de mi don de ayuda viene tan naturalmente para mí y es una parte de lo que soy, que ni siquiera lo veo como un don especial. Encuentro gran alegría en ayudar a la gente cuando puedo, a veces hasta el punto de 'sobre-hacer'. Ha sido un proceso de aprendizaje para mí aprender hasta dónde llegar, así como discernir qué tipo de ayuda es apropiada. Aquellos de nosotros con el don de ayuda tendemos a ver necesidades que no son tan visibles para los demás—y la comprensión de esto es crucial para que no nos volvamos críticos con las personas que parecen no notar las mismas necesidades que son tan obvias para nosotros. Tomar la clase de descubrimiento de dones fue muy esclarecedor para mí porque señaló por qué soy como soy, y me inspiró a usar esos dones espirituales de nuevas maneras".

MD: "He podido usar mi don de Ayuda de muchas maneras, más recientemente en mi papel de Coordinador del Ministerio de Niños y Familias. Este ministerio tiene la tarea de muchos deberes y actividades con el fin de cuidar y apoyar a los niños y las familias. Mi don me ha permitido trabajar detrás del escenario como un par extra de manos y pies para comprar, cocinar, limpiar, preparar regalos, etc. para que la Directora y su personal sean libres de lograr su mayor objetivo. ¡Realmente disfruto poder proporcionar ayuda práctica y necesaria, pero la mayor alegría viene al ver que muchos dones se unen para traer gloria a Dios"!

Si crees que tienes este don, escribe tu propio pensamiento (una descripción de cómo se ve esto en tu vida):

Después de haber revisado este don en detalle (arriba), ¿quién más crees que manifiesta este don?

Anota tus reacciones/reflexiones aquí:

HOSPITALIDAD

La **Hospitalidad** es la capacidad divina de hacer que la gente se sienta bienvenida y aceptada, en cualquier lugar y en cualquier momento. Aquellos con este don disfrutan de conectar a las personas entre sí y crear una atmósfera en la que las relaciones y la convivencia pueden florecer. Su gracia y calidez hacen que los demás se sientan atendidos. Y, como dice 1 Pedro 4:9, ellos son los que hacen todo esto "sin murmurar" ni quejarse.	Este es uno de mis dones _____ No estoy seguro si tengo este don _____ Este no es uno de mis dones _____
Preguntas sobre la evaluación relacionadas con la Hospitalidad:	Revisa cada pregunta y anota lo que te viene a la mente:
En las reuniones de personas, tiendo a notar los que están marginados y hacerles sentir que pertenecen.	
Ya sea en mi casa o en otro lugar, creo un ambiente acogedor para los demás.	
Otros se han dado cuenta de que soy bueno haciendo que la gente se sienta bienvenida y aceptada dondequiera que vaya.	
Algunas palabras que describen a las personas con este don:	Pon una marca a continuación si sientes que la palabra te describe:
Aceptador	
Acogedor	
Relacionador	
Seguro	
Alegre	
Cálido	
Posibles negativos para este don:	Marca los que percibes como advertencias particulares para tu uso del don:
Si asume demasiados compromisos implicados en la hospitalidad, podrían agotarse.	
Podría no ver esto como un don espiritual o de igual importancia para el Cuerpo de Cristo como otros dones.	
Podría preguntarse por qué todos los creyentes no son más hospitalarios o tan hospitalarios como el superdotado.	

Algunas maneras posibles de servir usando este don:	Marca las formas de servir que te suenan como un potencial adecuado para ti, o agrega a la lista:
• Personal/coordinador del kiosko de información	
• Líder/facilitador/ayudante de grupos pequeños	
• Amigo de un visitante/estudiante internacional	
• Familia anfitriona para un interno de la iglesia o misionero	
• Mentor	
• Hogar anfitrión para el ministerio de la juventud	
• Diacono	
• Equipo de bienvenida/equipo de hospitalidad para nuevos miembros/equipo de llamadas de visitantes	
• Anfitrión de la hora del café	
• En cualquier lugar del lugar de trabajo	

Pensamientos de individuos con este don:

VH: "Cocinar no es mi don, así que estaba un poco confundido en cuanto a por qué tenía el don de la 'hospitalidad'. Pero la Clase Discovery lo puso todo en perspectiva. Dios estaba mirando mi corazón y no mis habilidades culinarias (o la falta de ellas). ¡Puede que no me guste cocinar, pero me encanta pasear con la gente, y trabajar con los Ministerios Estudiantiles y de Familia en la iglesia ha sido una bendición y un cumplimiento completo de ese don"!

MD: "Veo como un privilegio ser dotado en hospitalidad, con la capacidad y el deseo de crear relaciones y los ambientes que las fomentan. Coordinar la clase de los Nuevos Miembros fue una gran experiencia al usar ese don espiritual, y así lo sentí. El trabajo fue uno de los más agradables que he hecho, porque estaba sirviendo dentro del plan de Dios para mí. Ya sea colocando mesas, llamando voluntarios o planificando menús, se sentía bien, divertido y que valía la pena".

Si crees que tienes este don, escribe tu propio pensamiento (una descripción de cómo se ve esto en tu vida):

Después de haber revisado este don en detalle (arriba), ¿quién más crees que manifiesta este don?

Anota tus reacciones/reflexiones aquí:

HOSPITALIDAD

INTERCESIÓN

La **Intercesión**—interceder, suplicar, acercarnos a Dios en nombre de otra persona—es algo que todos debemos hacer. Las personas con este don son aquellas que se sienten obligadas por Dios a orar diariamente por los demás. Están completamente convencidos del increíble poder y necesidad de la oración. Estas son las personas a las que llamas primero sobre una preocupación que tienes, porque sabes que oran. Muchos con este don se sorprenden de que sea un don, piensan que TODOS oramos incesantemente como lo hacen ellos. Saben que su fidelidad en la oración por los demás invita al poder y a la presencia de Dios en toda circunstancia, y que la oración no es algo que se debe tomar a la ligera, sino que es un campo de batalla.	Este es uno de mis dones _____ No estoy seguro si tengo este don _____ Este no es uno de mis dones _____
Preguntas sobre la evaluación relacionadas con la Intercesión:	Revisa cada pregunta y anota lo que te viene a la mente:
La gente que me conoce me considera un "guerrero de oración".	
Cuando aprendo acerca de alguien en una situación difícil, mi primer impulso es orar.	
Soy una de las primeras personas a las que recurren los demás cuando piden oración.	
Algunas palabras que describen a las personas con este don:	Pon una marca a continuación si sientes que la palabra te describe:
Fiel	
Confiado	
Disciplinado	
Constante	
Impulsado por el Espíritu	
Firme	
Posibles negativos para este don:	Marca los que percibes como advertencias particulares para tu uso del don:
Puede que no reconozcan que tienen este don, ya que la oración les llega fácilmente.	
Tal vez se pregunten por qué los demás no oran tanto como lo hacen ellos, y se establecen como la norma.	

Puede pensar que este don es de alguna manera menos importante para el Cuerpo de Cristo que otros dones más visibles.	
Algunas maneras posibles de servir usando este don:	Marca las formas de servir que te suenan como un potencial adecuado para ti, o agrega a la lista:
• Ministerio de oración/oración por individuos, familia, compañeros de trabajo	
• Oración por los misioneros y sus familias	
• Equipo de oración del ministerio de la juventud/ equipo de oración del ministerio de los niños	
• Equipo de oración del ministerio de nuevos miembros	
• Equipo de oración del ministerio de los hombres/ ministerio de la mujer	
• Oración por el personal pastoral y el conjunto de liderazgo	
• Ministerio de oración en el hogar de enfermería	
• Diacono	
• Donde quiera	

INTERCESIÓN

Pensamientos de individuos con este don:

WN: "Para mí, el don de la intercesión es una oportunidad para llamar a Dios y pedirle que aumente mi fe y la fe de los demás para confiar en una promesa específica que Dios ha dado para un grupo o una persona. También es una oportunidad de arrodillarse junto a Jesús mientras Él está intercediendo ante el Padre por lo mismo asunto, seguir y aprender de Él mientras está intercediendo ante el Padre".

AB: "La oración es una parte significativa de cada día para mí—bendigo a los niños mientras van a la escuela, orar los Salmos, interceder en el trabajo para los compañeros de trabajo, orar por las necesidades y los eventos de cuales me entero como parte del ministerio de oración de [mi iglesia]—y esto siempre se siente como un privilegio, no como un deber. Para mí, orar las Escrituras es específicamente potente, y es la forma principal en que Dios parece hablarme".

JC: "Cuando intercedo, hay una gran paz y esperanza que provienen de reflexionar sobre nuestro Dios, su poder, su fuerzo, compasión y amor inquebrantables, y luego pedirle que llegue a ser muy real y evidente para el individuo y lo que sea que esté enfrentando. Puesto que Dios es Dios y nada es demasiado difícil para Él, es alentador orar que Su reino venga en la vida de los demás. La verdad es que hay algunas personas que Dios pone en mi mente para orar por ellas, y sé que me está llamando a orar".

Si crees que tienes este don, escribe tu propio pensamiento (una descripción de cómo se ve esto en tu vida):

Después de haber revisado este don en detalle (arriba), ¿quién más crees que manifiesta este don?

Anota tus reacciones/reflexiones aquí:

Conocimiento

Aquellos con el don de **Conocimiento** traen la verdad bíblica y la visión dada por Dios a la iglesia. El conocimiento puede parecer como recibir una palabra de Dios que llega en el momento único y justa para una situación dada. Las personas con el don de conocimiento también pueden ser aquellas que tienen un deseo voraz de estudiar y conocer la Palabra de Dios, y Dios puede utilizar su profundo entendimiento de la Escritura para hablar una palabra de conocimiento a una persona o grupo. Pueden ser los que pueden ver todos los lados de algo y son capaces de señalar las consecuencias o los detalles olvidados, que otros han pasado por alto.	Este es uno de mis dones _____ No estoy seguro si tengo este don _____ Este no es uno de mis dones _____
Preguntas sobre la evaluación relacionadas con el Conocimiento:	Revisa cada pregunta y anota lo que te viene a la mente:
Otros me buscan por mi conocimiento de los conceptos bíblicos y/o mi visión de las situaciones.	
Veo los tonos grises en situaciones donde otros ven blanco y negro.	
A menudo veo aspectos importantes de los pasajes bíblicos que otros no reconocen.	
Algunas palabras que describen a las personas con este don:	Pon una marca a continuación si sientes que la palabra te describe:
Consciente	
Veraz	
Perspicaz	
Estudioso de la Escritura	
Atento	
Guiado por el Espiritu	
Posibles negativos para este don:	Marca los que percibes como advertencias particulares para tu uso del don:
Podría estar orgulloso por el alcance del conocimiento.	
Podría centrarse en analizar y averiguar cada situación, cuando a veces lo que se necesita más es escuchar, orar o confiar.	

Podría hacer del estudio de las Escrituras o la búsqueda de una Palabra de Dios sean el foco en lugar de que Dios mismo sea el centro.	
Algunas maneras posibles de servir usando este don:	Marca las formas de servir que te suenan como un potencial adecuado para ti, o agrega a la lista:
• Dondequiera	
• Profesor de la Escuela Dominical	
• Miembro/profesor del Comité de Educación para Adultos	
• Anciano/Diácono	
• Líder del estudio bíblico	
• Líder/ayudante de la Escuela Bíblica De Vacaciones	
• Mentor	
• Miembro del comité de planificación estratégica/ visión	

Pensamientos de individuos con este don:

AH: "Pienso en este don en términos de poder ver todas las facetas de un tema o asunto, incluyendo aspectos importantes que no son evidentes inmediatamente. También tengo que recordar que el Conocimiento es diferente de la Sabiduría, por lo que la información que puedo traer a una situación necesita a otros en el cuerpo que puedan decidir cómo usarlo sabiamente".

TC: "El don de conocimiento aparece para mí primero en la sed de saber más. Leo la Biblia por lo general todos los días y luego un montón de comentarios, y cualquier otra cosa que pueda. Si consigo algo de fuera como resultado, a veces recibo imágenes muy claras en mi cabeza".

FF: "Aunque no soy teólogo, tengo hambre de aprender y estudiar, profundizar, entender en contexto, unir las cosas y luego compartir libremente en los estudios bíblicos. Memorizo una gran cantidad de Escrituras que frecuentemente viene a la mente cuando más se necesita, y eso es un gran consuelo".

Si crees que tienes este don, escribe tu propio pensamiento (una descripción de cómo se ve esto en tu vida):

Después de haber revisado este don en detalle (arriba), ¿quién más crees que manifiesta este don?

Anota tus reacciones/reflexiones aquí:

CONOCIMIENTO

LIDERAZGO

Aquellos con el don **Liderazgo** podrían describirse como visionarios, buenos motivadores y dirigentes eficaces, que ayudan a guiar e inspirar a los demás a alcanzar los propósitos de Dios. Estas personas no sólo lo tienen como una habilidad empoderada por el Espíritu, sino que también buscan la guía de Dios y Su voluntad en su liderazgo y toma de decisiones. El liderazgo implica no sólo tener una visión del futuro preferido para la iglesia u organización, sino también tener claridad sobre las metas o los próximos pasos para lograr esa visión, la capacidad de comunicar la visión de una manera que inspire a los demás, y la capacidad de equipar al resto del equipo para seguir la dirección juntos.	Este es uno de mis dones _____ No estoy seguro si tengo este don _____ Este no es uno de mis dones _____
Preguntas sobre la evaluación relacionadas con el Liderazgo:	Revisa cada pregunta y anota lo que te viene a la mente:
Cuando el camino a seguir para un grupo es incierto, la gente me busca para liderazgo.	
Motivo a otros a venir conmigo mientras busco la visión de Dios.	
Inspiro a otros a perseguir metas que articulo claramente.	
Algunas palabras que describen a las personas con este don:	Pon una marca a continuación si sientes que la palabra te describe:
Directivo	
Visionario	
Modelo	
Orientado a objetivos	
Persuasivo	
Creíble	
Posibles negativos para este don:	Marca los que percibes como advertencias particulares para tu uso del don:
Puede estar tan consciente de la visión que olvida el aspecto pastoral del liderazgo.	
A veces puede moverse demasiado rápido como para que sus seguidores captan la necesidad de cambios, dejándolos confundidos o cansados.	
Puede olvidar que la definición de Jesús de un líder era como un siervo.	

Algunas maneras posibles de servir usando este don:	Marca las formas de servir que te suenan como un potencial adecuado para ti, o agrega a la lista:
• Anciano/dirigente de un área ministerial	
• Director ejecutivo de una empresa	
• Equipo de visión/equipo de planificación estratégica	
• Presidente del Comité	
• Líder/coordinador del Ministerio	
• Profesor de la Escuela Dominical	
• Miembro/profesor del Comité de Educación para Adultos	
• Miembro del comité de adoración/líder de adoración	
• Gerente/supervisor	

Pensamientos de individuos con este don:

RD: "Liderazgo implica una visión de cuáles metas deseas que el grupo alcance, organización y planificación para lograr esos objetivos, e inspiración y equipamiento de los miembros del grupo para participar en las fases de planificación y ejecución. He sido afortunado de haber tenido puestos de liderazgo tanto en mi trabajo [en la universidad] como en el trabajo voluntario con la iglesia, y lo que he aprendido sobre el liderazgo en cada entorno ha ayudado en los otros entornos".

SA: "Veo el Liderazgo como el ejercicio tanto de la visión como de la previsión—un líder ve más profundamente que los seguidores y les ayuda a ver, y un líder ve más adelante que los seguidores y actúa sobre esto. La perspicacia y la visión adelantada son en parte obras del Espíritu, y sin embargo, pueden ser desarrolladas por los líderes siervos—con la ayuda de Dios, uno puede crecer en su capacidad de ver. Algunas personas llaman a esta visión e iniciativa—la capacidad de ver cosas que otros no (en las personas, estructuras y situaciones) y luego hacer algo al respecto. Dios a menudo me utiliza para traer el cambio—pero la capacidad de ver y actuar son el punto de partida para todos los líderes, me parece".

TF: "No siempre confío en mi don de liderazgo, pero me parece muy natural guiar a otros hombres en discusiones espirituales, y explorar el crecimiento espiritual, especialmente cuando nos centramos en temas de la vida real. Dios siempre me da confianza en estos tiempos".

Si crees que tienes este don, escribe tu propio pensamiento (una descripción de cómo se ve esto en tu vida):

Después de haber revisado este don en detalle (arriba), ¿quién más crees que manifiesta este don?

Anota tus reacciones/reflexiones aquí:

LIDERAZGO

MISERICORDIA

Las personas que exhiben altos niveles de compasión, preocupación, cuidado y bondad son probablemente aquellas con el don de **Misericordia**. Las personas con este don vienen suavemente junto a otros que están sufriendo, necesitados o que están solos. La gracia y el amor de Dios se muestran en formas prácticas con este don. El don de misericordia es de consuelo, apoyo y presencia con aquellos que están sufriendo, en crisis o lastimados de alguna otra manera. Aquellos con este don llegan a los demás que están rotos, habiendo experimentado a Dios en su propio quebranto. Muestran el corazón de Dios a aquellos que necesitan la empatía de un oído que escucha y de compañía humana.	Este es uno de mis dones _____ No estoy seguro si tengo este don _____ Este no es uno de mis dones _____
Preguntas sobre la evaluación relacionadas con la Misericordia:	Revisa cada pregunta y anota lo que te viene a la mente:
Consolar a los que están sufriendo me viene naturalmente.	
Mi respuesta automática cuando alguien está sufriendo es venir y ofrecer un oído que escucha y un hombro para llorar.	
La gente me describe como compasivo y empático.	
Algunas palabras que describen a las personas con este don:	Pon una marca a continuación si sientes que la palabra te describe:
Cuidadoso	
Compasivo	
Amaroso	
Accesible	
Bondadoso	
Gentil	
Posibles negativos para este don:	Marca los que percibes como advertencias particulares para tu uso del don:
Puede desgastarse si no hay límites en los compromisos que demandan mucha energía y recursos.	
Que no vea esto como un don particular suyo, asumiendo que todos en el Cuerpo de Cristo piense y actúe como él.	

Puede ser aprovechado por aquellos que son manipuladores.	
Algunas maneras posibles de servir usando este don:	Marca las formas de servir que te suenan como un potencial adecuado para ti, o agrega a la lista:
• Diácono	
• Consejero/ministerio de consejería/mentor	
• Visita a hospitales/ministerio penitenciario/defensor de víctimas	
• Guardería/maestra de preescolar/asistente/maestra de la Escuela Dominical	
• Ministerio a personas de la tercera edad	
• Trabajador del centro de embarazo	
• En cualquier lugar haya personas necesitadas: familia, amigos, vecinos, compañeros de trabajo	

Pensamientos de individuos con este don:

NB: "Este don me atrajo para servir como defensor de víctimas en el departamento de policía. Era el deseo de ofrecer consuelo, apoyo y estar presente con las personas que estaban en medio de un acontecimiento emocionalmente doloroso en sus vidas".

MH: "Siempre trato de ponerme en los zapatos de otra persona. Por lo tanto, a menudo puedo ver por qué uno hizo algo o dijo algo debido a sus circunstancias, y así soy capaz de perdonar o amar a una persona que probablemente no siente que debe ser perdonada o amada".

SD: "La mejor manera de describir la misericordia y cómo la uso en mi vida es: Conocer a alguien donde está con lo que necesita".

JC: "Es Dios quien derrama misericordia sobre mi todo el día. Él nunca detiene el río de misericordia; mi trabajo es transferirlo a la siguiente persona en la fila".

Si crees que tienes este don, escribe tu propio pensamiento (una descripción de cómo se ve esto en tu vida):

Después de haber revisado este don en detalle (arriba), ¿quién más crees que manifiesta este don?

Anota tus reacciones/reflexiones aquí:

MISERICORDIA

PROFECÍA

La **Profecía** es un don que Dios usa para traer convicción de pecado a su pueblo y su necesidad de arrepentimiento. Este don es una habilidad del Espíritu Santo para hablar la Palabra de Dios—la verdad—en una situación, llamar a la gente a volver a Dios, advertir de las consecuencias de no hacerlo y recordarle a la gente las promesas de Dios y de Su justicia y juicio. Conocer el momento adecuado para hablar una palabra de Dios depende de que la persona con el don de la profecía sea de oración y sensible a la guía del Espíritu.	Este es uno de mis dones _____ No estoy seguro si tengo este don _____ Este no es uno de mis dones _____
Preguntas sobre la evaluación relacionadas con la Profecía:	Revisa cada pregunta y anota lo que te viene a la mente:
A menudo digo cosas que la gente en la iglesia necesita oír, aunque eso pueda hacerlos sentir incómodos.	
Dios a veces me lleva a hacer preguntas difíciles y a señalar verdades incómodas.	
Dios me utiliza para señalar sus planes y propósitos cuando otros pueden estar apartándose del camino.	
Algunas palabras que describen a las personas con este don:	Pon una marca a continuación si sientes que la palabra te describe:
Revela	
Expone	
Desafía	
Audaz	
Advierte	
Discierne	
Posibles negativos para este don:	Marca los que percibes como advertencias particulares para tu uso del don:
A veces las personas con este don comparten el mensaje con dureza.	
Las personas con este don pueden frustrarse de que los oyentes no escuchen el mensaje de Dios y no se arrepientan.	
Las personas con este don pueden sentirse rechazadas y sentirse tentadas a dejar de hablar o a salir de la iglesia.	

PROFECÍA

Algunas maneras posibles de servir usando este don:	Marca las formas de servir que te suenan como un potencial adecuado para ti, o agrega a la lista:
• Maestro de Educación para Adultos/Líder de Estudio de la Biblia/asistente/Maestro de la Escuela Dominical	
• Anciano/predicador/líder de adoración	
• Miembro/coordinador del equipo de oración	
• Ministerio penitenciario	
• Asesor de dones espirituales/mentor/capacitador/ministerio de consejería	
• Líder juvenil	
• Dondequiera	

Pensamientos de individuos con este don:

KF: "¡Tengo el don de profecía... mucho para la consternación de mi familia! Todo el mundo ama a la persona con el don de profecía que lo utiliza para alentar y arrojar luz sobre una situación, la persona que actúa como animadora ... pero cuando se trata de ser un instrumento de Dios que trae convicción a los demás de la necesidad de arrepentirse y cambiar sus caminos—como Juan el Bautista—o de levantarse más alto en su caminar con Él, tanto el mensajero como el mensaje pueden ser recibidos con menos entusiasmo"!

LP: "Con toda honestidad, supongo que es el don acerca del cual se siente más incómodo hablar porque parece tan... bueno, mandón. En la mezcla de dones que Dios me ha dado, la Profecía parece funcionar en asociación con el de Enseñanza y el Discernimiento. La mezcla de profecía y discernimiento aparece en cómo veo las comunidades en las que estoy involucrado. A menudo veo necesidades o brechas como esa comunidad está funciona, por ejemplo, en mi familia, generalmente soy el que identifica áreas donde podemos trabajar juntos de manera más efectiva o mejorar la forma en que nos relacionamos loa unos con los otros. En mi trabajo, a veces veo direcciones futuras en la educación que ayudarían a nuestro programa. El don de la enseñanza entonces entra en acción y me lleva a sugerir cursos de acción. En una comunidad saludable, creo que la Profecía debe sopesarse contra la sabiduría de la Escritura y/o la sabiduría comunitaria más amplia para que las ideas/prácticas que provienen de ella sean confirmadas".

JK: "Con algunas personas, tengo la habilidad de 'hablar' y ayudarlos a descifrar las intenciones y los propósitos de Dios en su vida... incluso si resisten (¡que es como las personas a menudo responden a los profetas!). Tengo algo de reserva para abrazar la etiqueta 'profeta' debido a la idea errónea de predecir el futuro, pero he reconocido que Dios me ha dado acceso y conexiones únicos a tantas personas que parecen dispuestas a abrirse a mí, lo que luego me permite 'hablar' aspectos clave de la voluntad de Dios en sus vidas".

Si crees que tienes este don, escribe tu propio pensamiento (una descripción de cómo se ve esto en tu vida):

Después de haber revisado este don en detalle (arriba), ¿quién más crees que manifiesta este don?

Anota tus reacciones/reflexiones aquí:

PROFECÍA

Pastorado

El **Pastorado** implica la crianza y la guía de los demás para que crezcan en la madurez espiritual y en el carácter de Cristo. Algunos pastores, pero no todos, tienen el don espiritual del pastorado; muchos otros en la iglesia también tienen este don. Jesús era el Buen Pastor—Amaba, protegía, cuidaba y guiaba a sus ovejas a la vida abundante. Las personas con el don de pastor procuran hacer lo mismo caminando junto a alguien durante un tiempo largo o corto y dirigiéndolos a Jesús y su ofrecimiento de vida, esperanza y paz.	Este es uno de mis dones _____ No estoy seguro si tengo este don _____ Este no es uno de mis dones _____
Preguntas sobre la evaluación relacionadas con el don de Pastorado:	Revisa cada pregunta y anota lo que te viene a la mente:
He podido guiar con éxito a los demás en sus jornadas espirituales.	
Me gusta acompañar a alguien en tutoría uno-a-uno.	
Encuentro satisfacción en las relaciones de asesoramiento a largo plazo.	
Algunas palabras que describen a las personas con este don:	Pon una marca a continuación si sientes que la palabra te describe:
Fomenta la salud	
Guía	
Consejero	
Modelo	
Confiable	
Apoyo	
Posibles negativos para este don:	Marca los que percibes como advertencias particulares para tu uso del don:
Podría comenzar a pensar o esperar que los seguidores dependan de él/ella en lugar de dar gloria a Dios por el don del pastorado.	
Puede tener una tendencia a confiar en su propia sabiduría humana en lugar de pedir guía a Dios.	
Puede tener dificultades para poner fin a una relación de pastoreo cuando es el momento del cierre.	

Algunas maneras posibles de servir usando este don:	Marca las formas de servir que te suenan como un potencial adecuado para ti, o agrega a la lista:
• Ministerio de Consejería/mentor/instructor	
• Diácono/anciano/pastor	
• Estudio bíblico/líder/asistente de grupos pequeños	
• Escuela Dominical/Maestro de Educación para Adultos	
• Visitador de hospitales	
• Ministerio de Solteros/Mujeres/Hombres	
• Líder juvenil	
• Formador de vida	
• Gerente/supervisor	

Pensamientos de individuos con este don:

DM: "A lo largo de los años, he disfrutado de la guía, instrucción, crianza y comunión de otras personas que me han pastoreado. Dios puso a estas personas especiales en mi vida como mis modelos a seguir. Hoy, se me cuenta como un pastor en el reino de Dios, y es humillante de hecho. Ninguno de mis éxitos en vigilar a los estudiantes de tercer grado en la escuela dominical viene de mí. Es por Su equipamiento que asumo la responsabilidad de la enseñanza de Su palabra y de la crianza de estos niños".

RD: "No me veo a mí mismo como un pastor de una gran clase de personas o incluso un grupo pequeño. Pero creo que Dios me pide que cuide y guíe a los que ha puesto en mi camino. He sido bendecido con posiciones de la iglesia que me ponen en contacto con jóvenes pasantes, líderes voluntarios y también los que están algo comprometidos (mentalmente o financieramente). El Señor me ha dado compasión por estas personas y disfruto indicarles a Jesús. ¡Disfruto amar a los demás y ayudarlos a ver lo que la Biblia dice acerca de su situación, y ayudarles a vivir plenamente en su nueva vida en Jesús! Disfruto desafiando a las personas a profundizar su relación con Jesús a través de la oración y el poder del Espíritu Santo. Trato de hablar amor a aquellos a quienes el Señor me ha traído".

KB: "Veo este don usado en mi vida a través de relaciones con la familia, los amigos y a través del discipulado. Muchos vienen a mí en busca de consejo y ayuda con la toma de decisiones, las preguntas de fe y el deseo de conocer más a Cristo".

PASTORADO

Si crees que tienes este don, escribe tu propio pensamiento (una descripción de cómo se ve esto en tu vida):

Después de haber revisado este don en detalle (arriba), ¿quién más crees que manifiesta este don?

Anota tus reacciones/reflexiones aquí:

ENSEÑANZA

El don de **Enseñanza** implica estudiar, comprender, explicar y aplicar las verdades de las Escrituras de tal manera que las personas crezcan en su propio entendimiento, sean desafiadas e inspiradas para aplicar lo que han aprendido. Esto se puede hacer en una iglesia u otro contexto, dado que La Verdad de Dios es verdad en todas partes. Aquellos que tienen este don enseñan con autoridad, relevancia, perspicacia y estimulan a los oyentes, por medio de la obra del Espíritu, para que sean motivados a aprender, entender y aplicar lo que escuchan.	Este es uno de mis dones _____ No estoy seguro si tengo este don _____ Este no es uno de mis dones _____

Preguntas sobre la evaluación relacionadas con la Enseñanza:	Revisa cada pregunta y anota lo que te viene a la mente:
Por lo general, puedo explicar la verdad bíblica a las personas de una manera que les permita comprenderla.	
Soy capaz de conectar la verdad de Dios con las situaciones de la vida actual.	
Otros han dicho constantemente que han aprendido de mi enseñanza o han sido desafiados por ella.	

Algunas palabras que describen a las personas con este don:	Pon una marca a continuación si sientes que la palabra te describe:
Comunicador	
Instructor	
Precisa	
Cuidadoso	
Perspicaz	
Inspirador	

Posibles negativos para este don:	Marca los que percibes como advertencias particulares para tu uso del don:
Puede ver la enseñanza como sólo un talento o habilidad en lugar de reconocerla como habilidad dada por el poder del Espíritu Santo.	
Puede sentirse orgulloso de la atención recibida o de los resultados vistos.	
Pueden usar el don en entornos inapropiados, donde las personas podrían necesitar misericordia, hospitalidad, intercesión, etc. en su lugar.	

ENSEÑANZA

Algunas maneras posibles de servir usando este don:	Marca las formas de servir que te suenan como un potencial adecuado para ti, o agrega a la lista:
• Maestro/asistente de la Escuela Bíblica Dominical/ Escuela Bíblica de Vacaciones	
• Maestro de Educación para Adultos/Líder de estudio de la Biblia	
• Mentor/entrenador	
• Predicador	
• Profesor/educador/profesor de la escuela	
• Líder de adoración	
• Ministerio de la juventud	
• En el contexto uno-a-uno	

Pensamientos de individuos con este don:

NK: "Creo que el don de la enseñanza se ha manifestado de tal manera que he crecido en paciencia, con compasión y creatividad. Con esto, me siento humilde de extender la mano y ayudar a empoderar a los niños para que vean sus propios dones".

SB: "Facilito un grupo que incluye a una mujer judía, una escéptica, una ateo y cinco cristianos de una variedad denominaciones. Nuestra práctica es estudiar un libro de la Biblia, reunirnos durante una hora, turnarse para leer en voz alta y hacer una pausa para reflexionar. Me preparo de ante mano con marcos históricos o teológicos de referencia que ofrezco con la esperanza de profundizar su comprensión del pasaje. Siempre hay una oportunidad para que las mujeres compartan sus vidas. No estoy seguro de cómo capturar en palabras esta cosa maravillosa que ha sucedido con estas mujeres. Utilizo este don de la enseñanza para abrir la Palabra de Dios a los demás para que ellos también, puede contemplarlo, Padre Hijo y Espíritu. Trato de crear 'lugares estrechos' donde Él pueda hacerse conocido por sí mismo".

WA: "A través del don espiritual de la enseñanza, el Espíritu Santo 'revela todas las cosas' al Cuerpo de Cristo proporcionando ideas a través de un comunicador dispuesto. Saber que el Espíritu Santo proporcionará estas ideas me libera para servir como líder de clase o grupo pequeño".

KG: "Tener el don de la enseñanza me permite enseñar naturalmente el Evangelio y otras verdades a quienes me rodean. Veo este don funcionando en mis amistades, mi ministerio a las mujeres universitarias y mi trabajo en el ministerio de niños y la familia".

ENSEÑANZA

Si crees que tienes este don, escribe tu propio pensamiento (una descripción de cómo se ve esto en tu vida):

Después de haber revisado este don en detalle (arriba), ¿quién más crees que manifiesta este don?

Anota tus reacciones/reflexiones aquí:

SABIDURÍA

Aquellos con el don de **Sabiduría** utilizan la dirección y la información dadas por Dios y la aplican, proporcionando orientación a los individuos y a la iglesia. Las personas con este don normalmente pueden ver el curso correcto de acción en medio de circunstancias confusas o abrumadoras que paralizan a los demás. Con frecuencia, las aportaciones de las personas con sabiduría pueden cambiar la dirección de un grupo o ayudar a guiar a alguien hacia una mayor claridad. El uso del don de sabiduría se trata menos de autoridad y más de la humildad, arraigado en la verdad y la guía del Espíritu, que otros suelen reconocer como tal.	Este es uno de mis dones _____ No estoy seguro si tengo este don _____ Este no es uno de mis dones _____
Preguntas sobre la evaluación relacionadas con la Sabiduría:	Revisa cada pregunta y anota lo que te viene a la mente:
La gente me pide consejo cuando hay que tomar decisiones.	
Por lo general puedo ver el curso de acción sabio a tomar.	
Rara vez estoy confundido acerca de los próximos pasos a seguir en situaciones de desafío.	
Algunas palabras que describen a las personas con este don:	Pon una marca a continuación si sientes que la palabra te describe:
Guía	
Perceptivo	
Impulsado por el Espíritu	
Astuto	
Buen juicio	
Perspicaz	
Posibles negativos para este don:	Marca los que percibes como advertencias particulares para tu uso del don:
Puede empezar a tener orgullo de que la gente lo busque para pedir consejo.	
Puede empezar a pensar que el don es infalible, que siempre tiene razón.	
Puede tener dificultades para seguir a un líder que ignora lo que dice.	

Algunas maneras posibles de servir usando este don:	Marca las formas de servir que te suenan como un potencial adecuado para ti, o agrega a la lista:
• ¡Se necesita en todas las áreas del ministerio y en todos los equipos!	
• Maestro de Educación para Adultos	
• Maestro de la Escuela Dominical	
• Anciano/Diácono	
• Miembro del comité de finanzas	
• Equipo de oración	
• Asesor de dones espirituales	
• Ministerio de Consejería	
• Miembro del comité de personal	
• Miembro del comité de planificación estratégica	
• En casa, en el trabajo, con vecinos, etc.	

Pensamientos de individuos con este don:

KM: "He experimentado varias ocasiones emocionantes en las que un solo comentario, por mí u otro miembro de un grupo, ha movido una discusión en una dirección inesperada, muy productiva o concretar el pensamiento del grupo en claridad y solución. Las circunstancias en las que estoy pensando no tenían nada que ver con la fuerza de la personalidad del orador y todo lo que tiene que ver con lo que los oyentes reconocieron como verdad y rectitud en sus palabras".

SD: "Parte de cómo sé que tengo este don es que la gente regularmente me busca pidiendo consejos sabios o perspectiva. Parte de la sabiduría, también, es saber cuándo compartir ese consejo y cuándo sacar la sabiduría de los demás para que ellos llegan a la conclusión por si mismos. A menudo tengo claridad con respecto a los próximos pasos con las personas, en reuniones, y en entornos de grupo cuando los individuos o grupos no la tienen".

SABIDURÍA

Si crees que tienes este don, escribe tu propio pensamiento (una descripción de cómo se ve esto en tu vida):

Después de haber revisado este don en detalle (arriba), ¿quién más crees que manifiesta este don?

Anota tus reacciones/reflexiones aquí:

SANIDAD

El don de **Sanidad** sigue el modelo que vemos en la vida y el ministerio de Jesús, donde la sanación era física, mental, emocional y/o espiritual. A menudo, en las Escrituras, la sanación es utilizada por Dios para derramar gracia sobre alguien mientras autentica al mismo tiempo un mensaje o un ministerio. Siempre es para mostrar la misericordia y el poder de Dios. A veces la curación es instantánea y a veces ocurre con tiempo. Nuestro Dios es un Dios de restauración e integridad, y la sanación es una manera en la que lo vemos llegar profundamente a las vida individuales.	Este es uno de mis dones _____ No estoy seguro si tengo este don _____ Este no es uno de mis dones _____
Preguntas sobre la evaluación relacionadas con la Sanidad:	Revisa cada pregunta y anota lo que te viene a la mente:
Cuando veo a personas enfermas, tengo un fuerte deseo de orar por su curación.	
He visto a Dios sanar a alguien en relación con una oración que he orado o por mi imposición de manos.	
Me atrae participar en ministerios como "oración desanación interior" o "sanación espiritual".	
Algunas palabras que describen a las personas con este don:	Pon una marca a continuación si sientes que la palabra te describe:
Restaurador	
Intercesor	
Sensible	
Compasivo	
Impulsado por el Espíritu	
Alerta	
Posibles negativos para este don:	Marca los que percibes como advertencias particulares para tu uso del don:
Puede ser tentado a centrarse en el don y no en el Dador del don.	
Puede desarrollar orgullo en la capacidad de sanar.	
Puede fallar en no recordar que la sanación depende de Dios y puede que no "obre" cada vez que se le pida.	

SANIDAD

Algunas maneras posibles de servir usando este don:	Marca las formas de servir que te suenan como un potencial adecuado para ti, o agrega a la lista:
• Equipo de oración por sanidad	
• Equipo de oración	
• Oración por las personas según Dios guía	
• Consejero/psiquiatra	
• Profesional médico/médico/enfermera	
• Fisioterapeuta/terapeuta ocupacional	
• ¡Dondequiera!	

Pensamientos de individuos con este don:

AM: "No tengo idea de por qué Dios sana a algunas personas y no a otras. Es un misterio. Creo firmemente en la sanidad divina. Lo he visto pasar. ¡Incluso lo he experimentado yo mismo! Sin embargo, siempre me sorprende cuando Dios elige sanar. ¿Evidencia de duda? No, para nada. Es una delicia, danzar con Dios al presenciar el misterio de nuevo. ¡Así que seguiré orando por la curación cuando las oportunidades se presenten y abrazaré con alegría la sorpresa cuando me recuerde de los misterios de Dios"!

BR: "Trabajo como consejero, y mi verso de vida es Isaías 58:12 'Tu pueblo reconstruirá las ruinas antiguas y levantará los antiguos cimientos; usted será llamado Reparador de Paredes Rotas, Restaurador de Calles con Viviendas'. Así es como veo mi trabajo como un ministerio de curación".

Si crees que tienes este don, escribe tu propio pensamiento (una descripción de cómo se ve esto en tu vida):

Después de haber revisado este don en detalle (arriba), ¿quién más crees que manifiesta este don?

Anota tus reacciones/reflexiones aquí:

SANIDAD

PODERES MILAGROSOS

Los **Poderes Milagrosos** (la capacidad de realizar milagros) se dan a las personas en el Cuerpo de Cristo para autenticar un ministerio, alentar a un cuerpo de creyentes y mostrar el poder de Dios. En la vida y el ministerio de Jesús, sus milagros incluían alimentar a las multitudes, convertir el agua en vino, levantar a los muertos y caminar sobre el agua.	Este es uno de mis dones_____ No estoy seguro si tengo este don _____ Este no es uno de mis dones _____
Preguntas sobre la evaluación relacionadas con los Poderes Milagrosos:	Revisa cada pregunta y anota lo que te viene a la mente:
He visto a Dios hacer algo milagroso en relación con una oración que he hecho.	
A veces me he sentido poderosamente guiado por Dios para realizar un acto extraordinario.	
Dios ha autenticado un mensaje o un ministerio trabajando a través de mí para realizar algo sobrenatural.	
Algunas palabras que describen a las personas con este don:	Pon una marca a continuación si sientes que la palabra te describe:
Auténtico	
Glorificando a Dios	
Fiel	
Sensible al Espíritu	
Alerta	
Valiente	
Posibles negativos para este don:	Marca los que percibes como advertencias particulares para tu uso del don:
Puede ser tentado a centrarse en el don y no en el Dador del don.	
Puede desarrollar orgullo en la capacidad de realizar milagros.	
Podría llegar a exigir que Dios haga algo o repita un milagro anterior.	

Algunas maneras posibles de servir usando este don:	Marca las formas de servir que te suenan como un potencial adecuado para ti, o agrega a la lista:
• Dondequiera que Dios dirija	

Pensamientos de individuos con este don:

CC: "Creo que los poderes curativos y milagrosos se pueden combinar. He visto estas obras realizadas y las he realizado cuando sé que el Espíritu Santo está MUY activo en mí. Quiero ser capaz de sanar más, pero sólo Dios sabe cuándo podré—probablemente cuando yo salga 'totalmente' de mí mismo y esté en Dios y Él en mí".

PP: "Cuando realicé esta evaluación de dones hace dos años, probé el don de poderes milagrosos por primera vez. No quería este nuevo don en esta etapa de mi vida. Sin embargo, en el último año, como parte del equipo de oración de nuestra iglesia, y específicamente en el ministerio de alcanzar a los que están en crisis, he experimentado a Dios haciendo lo milagroso a través de mí en estos entornos más de lo que nunca lo había hecho. ¡Estoy emocionado de tener este don"!

Si crees que tienes este don, escribe tu propio pensamiento (una descripción de cómo se ve esto en tu vida):

Después de haber revisado este don en detalle (arriba), ¿quién más crees que manifiesta este don?

Anota tus reacciones/reflexiones aquí:

PODERES MILAGROSOS

LENGUAS

Aquellos con el don de **Lenguas** pueden hablar en otras lenguas como el Espíritu les permite (Hechos 2); pueden hablar en un idioma desconocido (el de "ángeles" 1 Cor. 13); pueden hablar en lenguas a Dios (1 Cor. 14). La Escritura dice que las lenguas, además de ser otras idiomas, también son una manera de "articular los misterios del Espíritu" y de "sonar un llamado claro" al pueblo de Dios (1 Cor. 14). Para ser entendido por el Cuerpo, las lenguas deben ser acompañadas por el don de interpretación de las lenguas.	Este es uno de mis dones _____ No estoy seguro si tengo este don _____ Este no es uno de mis dones _____
Preguntas sobre la evaluación relacionadas con las Lenguas:	Revisa cada pregunta y anota lo que te viene a la mente:
Cuando oro, a veces salen palabras que no entiendo.	
Orar en privado en lenguas edifica mi fe personal y me ayuda a sentirme más cerca de Dios.	
He hablado de la fe en un idioma que no es mi lengua materna, y sentí que Dios estaba permitiendo mi fluidez.	
Algunas palabras que describen a las personas con este don:	Pon una marca a continuación si sientes que la palabra te describe:
Sensible	
Impulsado por el Espíritu	
Glorificando a Dios	
Comunicador	
Expresivo	
Adorador	
Posibles negativos para este don:	Marca los que percibes como advertencias particulares para tu uso del don:
Es posible que desee usarlo en todos los contextos, ya sea apropiado o no.	
Puede utilizarlo en público sin un intérprete presente, lo cual simplemente llamaría la atención hacía el orador, no el mensaje de Dios.	
Puede ser perturbador en la adoración.	

Algunas maneras posibles de servir usando este don:	Marca las formas de servir que te suenan como un potencial adecuado para ti, o agrega a la lista:
• En los lugares de adoración donde hay un intérprete presente, o tú recibas la interpretación, y haya una manera ordenada de expresar el mensaje de Dios	
• Equipo de oración por sanidad	
• Equipo de oración	
• Oración por las personas como Dios guía	
• Idioma privado para la oración	

Pensamientos de individuos con este don:

LN: "Con lenguas, interpretación y sanidad, parece que tenemos la idea de un interruptor que se enciende y se apaga—por supuesto sabría si tengo este don extraño. Pero con otros dones, como la enseñanza o la administración, permitimos más espacio para tenerlo fuertemente/menos fuertemente, o crecer en el don a través de la formación y la práctica. Por lo tanto, con la sanidad y la interpretación, necesitamos ayudar a las personas a ver las pequeñas cosas que podrían indicar dotación, y luego ayudarlos a crecer. Lenguas siempre me ha parecido en esa categoría de encender/apagar, pero estoy empezando a ver ejemplos de personas que parecen estar en una zona gris entre extremos. Una joven tiene una sensación divertida en su boca pero sin palabras, y otra joven tenía un "síntoma" similar que fue eventualmente liberada en lenguas. Conozco a dos personas para las que su 'lengua' podría ser el español—han puesto esfuerzo en aprender el idioma, pero para una de ellas hay algo diferente que sucede cuando ora en español... Parece que hay una buena variedad en cómo algunos de estos se manifiestan".

LZ: "Es un lenguaje de oración, pero también proporciona palabras de sabiduría y dirección. Lo uso más a menudo en la oración de sanidad por otros, pero también lo uso cuando estoy realmente desesperado y frente a algo que me despoja de mi capacidad de segmentar mi mente en racional y sentimental, así que dejo que el Espíritu ore por mí. Lo he encontrado útil cuando busco sabiduría espiritual y como piedra de toque para cuando necesito aterrizar y centrarme en el Señor. La mejor parte de tener este tipo de lenguaje de oración es la rendición al Espíritu, el sentido de confianza se desarrolló a medida que cedo sobre la cognición y el yo racional para algo que es hermoso y puro, pero totalmente diferente. Encuentro que el lenguaje de oración varía, dependiendo de lo que se necesita: guerra espiritual, buscar la guía y dirección de Dios como complemento de las Escrituras y el consejo, cuando alguien necesita sanación o ayuda y aprovechar la paz y la gracia ofrecidas por el Espíritu Santo como nuestro consejero y consolador".

Si crees que tienes este don, escribe tu propio pensamiento (una descripción de cómo se ve esto en tu vida):

Después de haber revisado este don en detalle (arriba), ¿quién más crees que manifiesta este don?

Anota tus reacciones/reflexiones aquí:

LENGUAS

INTERPRETACIÓN DE LENGUAS

Aquellos con el don de **Interpretación de Lenguas** ayudan al resto del Cuerpo de Cristo a entender el mensaje dado por aquellos con el don de Lenguas. Puede ser una traducción directa de un idioma conocido o un idioma no aprendido, o un fuerte sentido del significado de lo que se ha hablado. Este don también se puede dar simultáneamente a alguien con el don de Lenguas.	Este es uno de mis dones _____ No estoy seguro si tengo este don _____ Este no es uno de mis dones _____
Preguntas sobre la evaluación relacionadas con la Interpretación de Lenguas:	Revisa cada pregunta y anota lo que te viene a la mente:
Cuando alguien habla en Lenguas, soy capaz de entender el mensaje.	
Soy capaz de proporcionar el significado de un mensaje en lenguas a otros presentes.	
Si alguien ora en Lenguas, tengo un sentimiento o una visión o una imagen de lo que significa el mensaje.	
Algunas palabras que describen a las personas con este don:	Pon una marca a continuación si sientes que la palabra te describe:
Sensible	
Glorificando a Dios	
Impulsado por el Espíritu	
Obediente	
Exigente	
Clarificador	
Algunas maneras posibles de servir usando este don:	Marca las formas de servir que te suenan como un potencial adecuado para ti, o agrega a la lista:
• Cada vez que se habla en Lenguas en público, debe haber un intérprete para que el mensaje pueda ser entendido por los presentes.	
• Equipo de oración.	
• Equipo de oración de sanidad.	

Pensamientos de individuos con este don:

LN: "La interpretación no siempre es una traducción—puede ser un sentimiento acerca de lo que es el mensaje, o una Escritura que puede venir a la mente, o algo que sabes que debes hacer. Básicamente, todas las formas que escuchamos del Señor en la oración se aplican a interpretaciones—imágenes, sensaciones corporales, canciones, etc".

Si crees que tienes este don, escribe tu propio pensamiento (una descripción de cómo se ve esto en tu vida):

Después de haber revisado este don en detalle (arriba), ¿quién más crees que manifiesta este don?

Anota tus reacciones/reflexiones aquí:

INTERPRETACIÓN DE LENGUAS

DÍA CUATRO SIENDO EL CUERPO DE CRISTO

¿Qué parte del cuerpo eres?

¿Los ojos? ¿Las manos? ¿pies? ¿O, tal vez eres el corazón, el hígado, o el páncreas? Anota tus pensamientos aquí:

El apóstol Pablo dice en 1 Corintios 12 que la iglesia es el cuerpo de Cristo, y que nosotros, creyentes individuales, somos miembros (o partes) de ese cuerpo. Cada parte es esencial para el funcionamiento saludable de la iglesia, así como nuestros ojos y nuestro páncreas son esenciales para nuestra vida.

A cada uno de nosotros se nos han dado dones espirituales únicos para equiparnos para vivir nuestros llamamientos en, para y a través de su iglesia. ¿Qué dones te ha dado? ¿Parece que los tuyos son menos importantes? Cada uno de nosotros juega un papel crucial. ¿Cómo puedes usar tus dones para glorificar a Dios y edificar la iglesia?

Entonces, ¿tú eres los ojos, la persona que se da cuenta de todo, que ve a la gente? Los oídos, alguien que escucha atentamente, que oye... o el oído interno, ¿traes equilibrio al Cuerpo? ¿Eres tú el que ayuda, construye, crea, toca? Los pies, ¿la persona que se siente obligada a ir, a hacer, a actuar? Tal vez tú eres el corazón, la energía pulsante, el consejero compasivo, o el hígado, el que ayuda a la iglesia a filtrar la verdad de las mentiras o el bien del mal.

Entender qué dones Dios te ha dado es parte de la mayor aventura en obtener claridad sobre el llamado de Dios y para creer que Él te equipa con el fin de hacer aquello para lo cual te ha diseñado. Que valores tus dones y los dones de los demás por igual es también la intención de Dios.

Una vez que estés familiarizado con tus propios dones:

1. Usa tus dones. Pídele a Dios que te use. Pídele que te muestre dónde ya los estás utilizando y que abra nuevas puertas para ponerlos en práctica. Pídele que te ayude a aceptar los dones que ha considerado apropiado ortogarte.

2. Reconoce que a veces tu uso de los dones se desarrolla necesariamente con el tiempo. Por supuesto, Dios puede dotarte en un momento y hacerte plenamente capaz, pero a menudo vemos que Él da la habilidad especial y nosotros vivimos en etapas, reflejando frecuentemente nuestra creci ente dependencia de Él. Buscar los tiempos y lugares para poner en práctica un don puede ayu dar a madurar aún más ese don.

3. Encontrar un mentor, pastor o instructor que te ayude a explorar y crecer en tu(s) don(es) también puede ser una práctica útil.

Sacrificios vivos y servicio humilde

Lee Romanos 12:1-2.
Define "adoración" según es descrita en este pasaje:

¿Esa definición amplía tu visión de adoración?

¿De qué manera(s)?

Relea Romanos 12:3-8.
Haz una lista de al menos tres maneras en que debemos vivir como el Cuerpo de Cristo:
1.

2.

3.

¿A quién pertenecemos, según este pasaje?

Para los siete dones mencionados en este pasaje, enumere a continuación cómo dice Pablo que se deben usar esos dones.

Don mencionado	Cómo se debe usar este don
Profecía	
Ayuda (servicio)	
Enseñanza	
Exhortación	
Generosidad	
Liderazgo	
Misericordia	

TOMA UN MOMENTO PARA ORAR y anotar 3 cosas que está aprendiendo acerca de los dones:

DÍA CINCO DIVERSIDAD, UNIDAD Y PAZ

1 Corinthians 12:1 dice: "En cuanto a los dones espirituales, hermanos, quiero que entiendan bien este asunto". ¿Cómo te comprometerás a entender bien, acerca de los dones?

Lee 1 Corintios 12:4-6 y parafrasea el pasaje aquí:

¿Cuál es el concepto principal de estos tres versículos?

Vuelve a leer 1 Corintios 12:7-11.
En el versículo 7, ¿qué frase usa Pablo para el "don espiritual"?

Una vez más, en el versículo 7, ¿por qué se dan dones a las personas?

¿Cuántas veces se menciona el Espíritu Santo en estos cinco versículos? ¿Qué modelo notas cada vez que Pablo menciona "Espíritu"?

¿Qué aprendes acerca de la distribución de los dones en el versículo 11?

Lee 1 Corintios 12:27-30.
Busca en el diccionario la definición de "unidad" y escríbelo aquí:

Busca la definición de "diversidad" y escríbela aquí:

¿Cómo se mantienen esas dos cosas en tensión?

¿Cuál es el punto de Pablo aquí con todas las preguntas?

Lee Efesios 4:3-6.

¿Cuál es nuestro papel con respecto a la unidad? (Ver versículo 3).

¿Cuántas veces usa Pablo la palabra "uno" en esos versículos?

¿Cuál es el punto que está tratando de construir?

¿Dónde ves la unidad y la diversidad como positivas en tu experiencia en la iglesia?

¿Como negativas?

¿De qué maneras puedes ser un agente de unidad y paz en el Cuerpo?

Somos la iglesia. No el edificio... ninguna estructura... pero nosotros, como seres humanos, llamados por Dios, estamos siendo construidos en la casa de Dios. La iglesia es más organismo que organización.

Somos parte de un equipo, que está destinado a trabajar en y como equipo. Las Escrituras muestran cómo los grupos trabajan juntos eficazmente en los ejemplos de Moisés y los setenta líderes escogidos que comparten la carga del ministerio difícil (Éxodo 18); en el grupo talentoso y multi-dotado llamado a construir el Tabernáculo (Exodo 35-40); en Daniel y sus amigos parándose firmes, unidos en el propósito, los ojos fijos en Dios (Daniel 1-3); en Nehemías y los exiliados retornados reconstruyendo los muros de Jerusalén, enfrentando hostilidad juntos, cada persona haciendo su porción asignada para cumplir con los propósitos de Dios, todo eso renovó su fe (Libro de Nehemías).

Jesús y Sus discípulos fueron un equipo que hizo vida juntos, aprendiendo, creciendo, siendo transformados. La iglesia primitiva exhibió el Cuerpo mientras vivían juntos, disfrutando de la comunión, las comidas, la oración, los milagros, los recursos y la alegría, con el resultado de que su número aumentó dramáticamente. También vemos los ejemplos de los equipos misioneros: Bernabé y Pablo; Pablo, Silas y Timoteo; Juan Marcos, Pablo y Bernabé. A través de estos grupos de personas inspiradas en Dios, el mundo ha cambiado.

REPASA LOS ÚLTIMOS CINCO DÍAS DE LA TAREA:

- En las Escrituras que leíste y tus respuestas a las preguntas relacionadas, selecciona una lección clave que hayas aprendido.
- De las preguntas de reflexión personal, selecciona una cosa que aprendiste acerca de tí mismo, tu llamado o como Dios te ha equipado.
- Transfiere estas dos lecciones a la tabla en la página 164.

Guía De Discusión Para Grupos Pequeños Para La Tercera Semana

Tus dones espirituales y el Cuerpo de Cristo

Día Uno: Evaluando tus dones

1. Pide a cada persona del grupo que comparta sus tres mejores dones.
2. ¿Hay otros dones que alguien encontró en forma de confirmación, sorpresa, o confusión?
3. Pide a cada persona que comparta su don de puntuación más baja y analice cómo esas puntuaciones más bajas muestran la necesidad de los otros.
4. ¿Qué podría decir la dotación de tu grupo o de tu iglesia acerca de las oportunidades actuales o futuras de ministerio? ¿Qué dones parecen faltar? ¿A qué crees que se deba eso?

Días Dos y Tres: Profundizando

1. Analiza lo que las personas descubrieron al revisar las definiciones de dones, descriptores, negativos y posibles oportunidades de servicio.
2. Ayúdense unos a otros a analizar en cualquier sorpresa o confusión.

Día Cuatro: Ser el Cuerpo de Cristo

1. Comparte qué parte del cuerpo piensa cada persona que es. Analicen lo que eso significa como parte del Cuerpo de Cristo. (Referencia a los Romanos 12:3-8 preguntas).
2. Hablen acerca de los pensamiento que les ocurren sobre la definición de adoración de Romanos 12:1-2.

Día Cinco: Diversidad, Unidad y Paz

1. Analicen los aspectos más destacados de las respuestas de las personas en las secciones 1 Corintios 12 y Efesios 4, prestando especial atención a los temas de "unidad" y "diversidad".
2. ¿Cómo puede cada persona ser un agente de unidad y paz en el Cuerpo?

NOTAS

NOTAS

El amor, la unidad y los dones de los demás

Semana Cuatro

El amor, la unidad y los dones de los demás

Sobre todo, el contexto para usar nuestros dones es en amor. Jesús dijo: "Y este es mi mandamiento: que se amen los unos a los otros, como yo los he amado..."(Juan 15:12). Seremos conocidos por nuestro amor mostrado del uno al otro. Pablo continúa diciendo que nuestra libertad en Cristo no es una licencia para hacer lo que queramos, sino realmente un llamado más profundo a servirnos unos a otros en amor: "Pues ustedes, mis hermanos, han sido llamados a vivir en libertad; pero no usen esa libertad para satisfacer los deseos de la naturaleza pecaminosa. Al contrario, usen la libertad para servirse unos a otros por amor. Pues toda la ley puede resumirse en un solo mandato: 'Ama a tu prójimo como a ti mismo'" (Gálatas 5:13-14 NLT). 1 Corintios 12 y 14 son sujeta libros para 1 Corintios 13, el capítulo del amor. Pablo deja muy claro que los dones deben usarse en el amor, o no tienen ningún valor.

Jesús... Pedro... Juan... Santiago... Pablo... el escritor de Hebreos, todos dicen que el amor es central. ¡En el Antiguo y Nuevo Testamento, se nos recuerda esto en casi 700 versículos!

DIA UNO AMOR

Vuelva a leer 1 Pedro 4:8-11.

Para cada uno de los tres dones o comportamientos mencionados en este pasaje, Pedro da una frase que lo califica. Escriba esas frases en la siguiente tabla.

Don/Comportamiento	Frase calificativa
Hospitalidad	
Hablar	
Servir	

¿Qué aprendes de esas frases sobre el uso de dones?

¿Según el versículo 8, qué debemos hacer "sobre todo"?

¿Qué quiere decir Pedro con "porque el amor cubre una multitud de pecados"?

Parafrasea el versículo 10 aquí:

¿Qué significa para ti en términos prácticos ser mayordomos de la gracia de Dios (un dador de gracia) a los demás?

Subraya "así" en el versículo 11. ¿Por qué, sobre todo, estamos ejerciendo nuestros dones?

Amor y Unidad

¿Qué dice cada uno de los siguientes pasajes acerca de nuestro amor por los demás creyentes?

Pasaje	Amor por los demás
Romanos 12:10 Ámense los unos a los otros con amor fraternal, respetándose y honrándose mutuamente.	
Juan 15:12, 16-17 Y este es mi mandamiento: que se amen los unos a los otros, como yo los he amado. No me escogieron ustedes a mí, sino que yo los escogí a ustedes y los comisioné para que vayan y den fruto, un fruto que perdure. Así el Padre les dará todo lo que le pidan en mi nombre. Este es mi mandamiento: que se amen los unos a los otros.	
1 Juan 4:7-8, 19 Queridos hermanos, amémonos los unos a los otros, porque el amor viene de Dios, y todo el que ama ha nacido de él y lo conoce. El que no ama no conoce a Dios, porque Dios es amor. Nosotros amamos porque él nos amó primero.	

¿Quién es la fuente de ese amor?

TERMINA EL ESTUDIO DE HOY EN ORACIÓN—específicamente pidiendo a Dios que te empodere para ser un "mayordomo fiel" de su gracia.

DIA DOS   UNIDAD

ℰl estudio de ayer fue sobre el amor como la clave para el ejercicio de nuestros dones. Hoy, nos centramos en la unidad y en afirmar los dones de otras personas.

¿Qué dicen los siguientes pasajes acerca de la unidad entre los creyentes?

Pasaje	Unidad
Juan 17:20-23 "No ruego solo por estos. Ruego también por los que han de creer en mí por el mensaje de ellos, para que todos sean uno. Padre, así como tú estás en mí y yo en ti, permite que ellos también estén en nosotros, para que el mundo crea que tú me has enviado. Yo les he dado la gloria que me diste, para que sean uno, así como nosotros somos uno: yo en ellos y tú en mí. Permite que alcancen la perfección en la unidad, y así el mundo reconozca que tú me enviaste y que los has amado a ellos tal como me has amado a mí".	
Romanos 15:5-7 Que el Dios que infunde aliento y perseverancia les conceda vivir juntos en armonía, conforme al ejemplo de Cristo Jesús, para que con un solo corazón y a una sola voz glorifiquen al Dios y Padre de nuestro Señor Jesucristo. Por tanto, acéptense mutuamente, así como Cristo los aceptó a ustedes para gloria de Dios.	
1 Corintios 1:10 Les suplico, hermanos, en el nombre de nuestro Señor Jesucristo, que todos vivan en armonía y que no haya divisiones entre ustedes, sino que se mantengan unidos en un mismo pensar y en un mismo propósito.	

Lee Hechos 2:42-47. En la NVI, esta sección de Hechos se titula "La Comunidad de los Creyentes".

Haz una lista de al menos 10 cosas que notas sobre la vida, la unión y los beneficios de ser parte de la iglesia primitiva:

1.

2.

3.

4.

5.

6.

7.

8.

9.

10.

Circula la característica que encuentras más atractiva acerca de la iglesia de Hechos 2.

DÍAS TRES Y CUATRO — LOS DONES DE LOS DEMÁS

Los dones de los demás

Los dones pueden y deben ser reconocibles dentro del Cuerpo. La gente debe poder ver el don de la enseñanza o la generosidad exhibida por dar o ser convicto por el don de la profecía. Toma un momento ahora para ver lo fácil que podría ser identificar los dones que alguien tiene:

Lee Romanos 16 donde Pablo enumera algunos de sus amigos y colaboradores de trabajo. Para muchos, dice una o dos palabras que son una pista de sus dones.

Nombre	Don o Rol Mencionado	Beneficio para Pablo o la iglesia (si es mencionado)
Febe (v. 1-2)		
Priscila y Aquila (v. 3-4)		
María (v. 6)		
Gayo (v. 23)		
Erasto (v. 23)		

Como habrás notado, los dones de Febe pudieron haber sido generosidad ("ha ayudado a muchas personas") y ayuda o liderazgo (diácono). Priscila y Aquila eran anfitriones de una iglesia en casa, tal vez esto sea liderazgo; posiblemente, hospitalidad; potencialmente, enseñanza o apostolado. El arduo trabajo de María puede indicar dones de ayuda o administración. Gayo muestra hospitalidad. Se menciona el trabajo de Erasto como director de obras públicas, tal vez un reflejo del don de liderazgo o administración o conocimiento.

En Hechos 4, vemos que José, apodado Bernabé por los apóstoles—un nombre que significa "hijo de consolación (aliento)" (Hechos 4:36)—probablemente porque Bernabé tenía el don de exhortación. En Hechos 6, las necesidades de la iglesia estaban creciendo, pero los apóstoles se sintieron obligados a permanecer enfocados en la oración y la enseñanza (parte de su llamamiento y dotación). Por lo tanto, buscaron personas que eran "conocidas por estar llenas del Espíritu y de sabiduría" (Hechos 6:3-4). Eligieron a siete, uno de los cuales era Esteban, también descrito como "un hombre lleno de fe y del Espíritu Santo" (Hechos 6:5-6) que además pudo, por medio del poder de Dios, realizar "grandes maravillas y señales entre el pueblo" (Hechos 6:8). Basándose en esta información, Esteban pudo haber tenido dones de sabiduría, fe y poderes milagrosos.

¿Puedes identificar uno o más dones de personajes bíblicos? Enuméralos aquí:

Identificar los dones de los demás

Consulte la tabla de dones a continuación y complete lo siguiente:

1. Lee las definiciones breves y descriptores de cada uno de los dones.
2. Al hacerlo, ¿trae Dios a la mente a una persona o personas que han exhibido ese don? Escribe esos nombres en el espacio proporcionado en cada página.
3. Escoge al menos una persona y haz tiempo esta para afirmarla y alentarla y afirmar y alentar el uso de sus dones.

Carta de Dones Espirituales

Don	Definición breve: Aquellos con dones de_____ ...:	Descriptores:	Nombra a alguien que crees que tiene este don:
Administración	...traen eficiencia y orden a la iglesia y a otras organizaciones. Estos son generalmente los planificadores, los que establecen metas o los gerentes. Buscan nuevas formas de ayudar a las personas y hacer que las tareas sean más eficaces.	Organizador Estratega Desarrollador	
Apostolado	...introducen nuevos ministerios a la iglesia. Ellos hacen nuevos senderos, _____, y salen a territorios desconocidos. Pueden tener un gran deseo de alcanzar a los pueblos no alcanzados y de difundir la visión de la misión de la iglesia.	Toma iniciativa Pionero Emprendedor	
Expresión artística	...tienen una habilidad especial para comunicar el mensaje de Dios a través de las bellas artes, incluyendo el drama, la escritura creativa, la música y el dibujo. A través de su creatividad dada por Dios, utilizan sus dones para atraer a los demás y centrarse en Dios, Su creación y Su mensaje para nosotros.	Creativo Innovador Expresivo	
Artesanía	...tienen habilidades únicas para trabajar con materias primas, ayudando a crear cosas que se utilizan para el ministerio o que ayudan a satisfacer las necesidades tangibles. Se pueden encontrar arreglando, remodelando, y mejorando edificios, y/o creando y cosiendo objetos, honrando a Dios y beneficiando a Su pueblo de maneras prácticas.	Creativo Habilidoso Ingenioso	
Discernimiento	...distinguen entre el bien y el mal, la verdad y el error, lo correcto e incorrecto. Estas personas proporcionan una visión muy necesaria, señalan incoherencias en la enseñanza de la Palabra de Dios, desafían el engaño en los demás, ayudan a resolver los motivos impuros de los puros e identifican la guerra espiritual.	Perceptivo Intuitivo Sensible	

Don	Definición breve: Aquellos con dones de_____ ...:	Descriptores:	Nombra a alguien que crees que tiene este don:
Evangelismo	...parecen estar siempre tratando de construir relaciones significativas con los no creyentes y a menudo son capaces de dirigir las conversaciones con estas personas a cosas espirituales. Comunican la buena noticia de Jesús a los incrédulos de tal manera que ven a las personas convertirse y comprometerse a seguir a Cristo.	Corazón influyente directo por los perdidos	
Exhortación	...ofrecen una palabra de esperanza combinada con un suave empujón a la acción a aquellos que están desanimados, tentativos o que necesitan dirección. Las personas con este don se unen para ofrecer tranquilidad y afirmación, y, cuando es necesario, para desafiar o confrontar, todo con el objetivo de ver a los demás crecer a una mayor madurez en su fe.	Afirma a los demás Motivador Da Aliento	
Fe	...tienen esa medida extra de confianza en Dios y Sus promesas, ayudando a inspirar a los demás a una mayor creencia. Aquellos con este don viven constantemente en el conocimiento de que Dios usa todas las cosas para su bien y el bien de otros que han sido llamados según Sus propósitos.	Crédulo Da Esperanza Seguridad	
Generosidad	...tienen una medida adicional de la capacidad de ser generosos. Las personas con este don vivencomo si todo lo que tienen pertenezca a Dios, sabiendo que Dios proveerá para sus necesidades. Dar puede implicar dinero, así como otros recursos como vivienda, comida, ropa, etc.	Ingenioso Sacrificial Mayordomo	
Servicio	...satisfacen las necesidades prácticas de los demás y de la iglesia/organizaciones con el fin de llevar, apoyar o cumplir el ministerio. Los indicadores de alguien con el don de servicio son que sirve voluntariamente, alegremente, humildemente, y donde sea necesario.	Humilde Disponible Confiable	
Hospitalidad	...tienen la capacidad divina de hacer que la gente se sienta bienvenida y aceptada en cualquier lugar en cualquier momento. Las personas con este don disfrutan de conectar a las personas entre sí y crear un ambiente donde la relaciones y la comunidad puedan florecer.	Tolerante Acogedor Amistoso	

Don	Definición breve: Aquellos con dones de_____ ...:	Descriptores:	Nombra a alguien que crees que tiene este don:
Intercesión	...se sienten obligados por Dios a orar a diario por los demás. Están completamente convencidos del increíble poder y necesidad de la oración. Oran como primer reacción a cualquier situación dada, durante esa situación, y después.	Fiel Confiado Consciente	
Conocimiento	...traer la verdad bíblica y la perspectiva dada por Dios a la iglesia. También pueden recibir una palabra de Dios que es únicamente cronometrada y adaptada para una situación dada. Las personas con el don del conocimiento también pueden ser aquellas que tienen un gran deseo de estudiar y conocer la Palabra de Dios, y Dios puede usar esta comprensión de la Escritura para dar una palabra de conocimiento a una persona o grupo.	Consciente Perceptivo Estudioso de la Escritura	
Liderazgo	...son visionarios, buenos motivadores y directores eficaces, ayudan a inspirar a los demás a lograr el propósito de Dios. El liderazgo implica no sólo tener una visión del futuro preferido para la iglesia o una organización, sino también tener claridad sobre los próximos pasos para lograr esa visión, la capacidad de comunicar la visión de una manera que inspire a los demás, y la capacidad de equipar al resto del equipo para seguir la misma dirección juntos.	Visionario Orientado a metas Creíble	
Misericordia	...proporciona consuelo, apoyo y presencia a aquellos que están sufriendo, están en crisis, o de alguna manera dolientes. Aquellos con este don llegan a los demás están quebrantados, habiendo experimentado a Dios en su propia quebrantamiento. Muestran el corazón de Dios a aquellos que necesitan la empatía de un oído que escucha.	Cuidados Compasivo Bondadoso	
Profecía	...tienen el don que Dios usa para traer convicción del pecado de pecado y necesidad de arrepentimiento de Su pueblo. La profecía trae advertencia, desafío, corrección y confrontación sin ninguna avenencia.	Exposes Challenges Bold	
Pastorado	...nutre y guía a los demás para que crezcan en la madurez espiritual y un carácter que se parece al de Cristo. Las personas con el don de Pastorado procuran caminar junto a alguien durante un largo o corto tiempo y dirigirlos a Jesús y Su oferta de vida, esperanza y paz.	Promueve Salud Guía Consejero	

Don	Definición breve: Aquellos con dones de_____ ...:	Descriptores:	Nombra a alguien que crees que tiene este don:
Enseñanza	...estudia, entiende, explica y aplica las verdades de la Escritura de tal manera que las personas crecen en su propio entendimiento, son desafiadas, y son inspiradas para aplicar lo que han aprendido. Esto se puede hacer en una iglesia u otro contexto, ya que la verdad de Dios es verdadera en todas partes.	Comunicador Inspirador Aplica aprendizajes	
Sabiduría	...utiliza su perspicacia e información dadas por Dios aplicándola a situaciones específicas siendo guía en la iglesia. Ven el curso de acción correcto en medio de lo que podrían ser circunstancias confusas o abrumadoras. El aporte de aquellos con el don de sabiduría puede cambiar la dirección de un grupo o ayudar a guiar a alguien hacia una mayor claridad.	Guía Buen juicio Perceptivo	
Sanidad	...sigue el modelo que vemos en la vida y el ministerio de Jesús, donde la sanidad era física, mental, emocional y/o espiritual. A menudo también es utilizado por Dios para respaldar un mensaje o un ministerio. Siempre muestra la gracia, la misericordia y el poder de Dios.	Restaurador Receptivo Intercesor	
Poderes Milagrosos	...ayuda a autenticar un ministerio, alentar a un cuerpo de creyentes y mostrar el poder de Dios. En la vida y el ministerio de Jesús, Sus milagros incluían alimentar a las multitudes, convertir el agua en vino, levantar a los muertos y caminar sobre el agua.	Receptivo Valiente Alerta	
Lenguas	...puede hablar en otras lenguas guiado por el Espíritu (Hechos 2); puede hablar en una lengua desconocida (la de "ángeles" 1 Corintios 13); puede hablarle a Dios en lenguas (1 Cor. 13). También puede ser una manera de "pronunciar los misterios del Espíritu" y "hacer un llamado claro" al pueblo de Dios (1Cor. 14). Por lo general acompañado por el don de interpretación de lenguas.	Receptivo Expresivo Adorador	
Interpretación de lenguas	...ayuda al resto del Cuerpo de Cristo a entender el mensaje que están hablando aquellos con el don de Lenguas. Puede dársele simultáneamente a alguien a alguien con el don de lenguas.	Receptivo Obediente Discerniente	

¿A quién conoces a quién se le han dado dones diferentes a los tuyos? ¿Cómo pueden apreciar sus diferencias y lo que ellos, por la gracia de Dios, traen a la mesa?

DÍA CINCO   UNIDAD Y SERVICIO

$\mathcal{H}$oy se trata de amor, unidad y servicio. No sólo vemos estos mandamientos de amarse unos a otros de forma aislada. Los vemos en el contexto de toda discusión de dones espirituales.

El tratado más largo de Pablo sobre los dones espirituales es 1 Corintios 12-14. Justo en medio de esos ochenta y cuatro versículos está 1 Corintios 13: El Capítulo del Amor. Tendemos a usar este pasaje bastante familiar en las bodas, pero el contexto son los dones.

Amor

Lee 1 Corintios 13:1-13.

Haz una lista de los dones que ves mencionados en los tres primeros versículos.

En estos tres versículos, ¿qué valor dice Pablo que tienen esos dones si se hacen sin el amor como la motivación?

En los versículos 4-8, Pablo continúa describiendo el amor. Haz una lista de al menos 16 descriptores de amor.
1.
2.
3.
4.
5.
6.
7.
8.
9.
10.
11.
12.
13.
14.
15.
16.

Vuelve y circula el descriptor que te llega más fácilmente. Subraya el que te es actualmente una lucha.

Una gran cosa acerca de entrar en obediencia a los mandamientos de Jesús de amarnos y servirnos unos a otros es que somos desafiados: a perdonar, ser humildes, ir la milla extra, y a poner a los demás en primer lugar. Cuando actuamos de acuerdo con nuestra fe de maneras prácticas, ese compromiso nos ayuda a ver nuestra mayor necesidad de Cristo y del poder de Su Espíritu para capacitarnos para hacer las cosas que nos pide que hagamos. Al caminar por el camino del servicio, esperemos que seamos llevados a nuestras rodillas tanto como nuestra vida de oración se profundiza e inevitablemente nuestra adoración sea avivada.

Lee Juan 12:26.
¿A sus seguidores, cómo nos llama Jesús?

Sobreponer todo este amor es otro tema importante para el Cuerpo de Cristo: somos el Pueblo de Dios.

Unidad y Madurez

Lee Efesios 4:1-13.
Haz una lista de al menos cinco acciones que Pablo nos urge a tomar en los versículos 1-3:
1.
2.
3.
4.
5.

¿Cuántas veces usa Pablo la palabra "unidad" en Efesios 4:1-13?

¿Qué creen que signifique "unidad en el Espíritu" y "unidad de la fe"?

Lee cada uno de los siguientes pasajes y observa lo que dicen acerca de la unidad.

Pasaje	Unidad
Salmo 133:1 ¡Cuán bueno y cuán agradable es que los hermanos convivan en armonía!	
Efesios 1:7-10 En él tenemos la redención mediante su sangre, el perdón de nuestros pecados, conforme a las riquezas de la gracia que Dios nos dio en abundancia con toda sabiduría y entendimiento. Él nos hizo conocer el misterio de su voluntad conforme al buen propósito que de antemano estableció en Cristo, para llevarlo a cabo cuando se cumpliera el tiempo, esto es, reunir en él todas las cosas, tanto las del cielo como las de la tierra.	
Filipenses 4:2 Ruego a Evodia y también a Síntique que se pongan de acuerdo en el Señor.	

Pasaje	Unidad
Colosenses 3:12-14 Por lo tanto, como escogidos de Dios, santos y amados, revístanse de afecto entrañable y de bondad, humildad, amabilidad y paciencia, de modo que se toleren unos a otros y se perdonen si alguno tiene queja contra otro. Así como el Señor los perdonó, perdonen también ustedes. Por encima de todo, vístanse de amor, que es el vínculo perfecto.	
Filipenses 2:1-5 Por tanto, si sienten algún estímulo en su unión con Cristo, algún consuelo en su amor, algún compañerismo en el Espíritu, algún afecto entrañable, llénenme de alegría teniendo un mismo parecer, un mismo amor, unidos en alma y pensamiento. No hagan nada por egoísmo o vanidad; más bien, con humildad consideren a los demás como superiores a ustedes mismos. Cada uno debe velar no solo por sus propios intereses, sino también por los intereses de los demás. La actitud de ustedes debe ser como la de Cristo Jesús...	

Está claro que debemos encontrar maneras, con la ayuda de Dios, en su poder—de vivir en unidad unos con otros. La desunión no representa a quien Dios es.

Y, la Escritura también es abrumadoramente directa acerca de que nuestra fe, amor, obra y servicio estén profundamente arraigados en amor, por Dios, unos para con otros, para el mundo.

PASA UN TIEMPO EN ORACIÓN—pidiendo a Dios que te ayude a ser un agente de amor y unidad en tu iglesia. Pídele a Él que una los corazones y las mentes de los que están en tu congregación para que el mundo de alrededor note algo profunda e inexplicablemente atractivo.

REPASA LOS ÚLTIMOS CINCO DÍAS DE LA TAREA:

- En las Escrituras que leíste y tus respuestas a las preguntas relacionadas, selecciona una lección clave que hayas aprendido.
- De las preguntas de reflexión personal, selecciona una cosa que aprendiste acerca de tí mismo, tu llamado o como Dios te ha equipado.
- Transfiere estas dos lecciones a la tabla en la página 164.

Guía de discusión para grupos pequeños para la cuarta semana

El amor, la unidad y los dones de los demás

Día Uno: Amor

1. Analicen la importancia de que el amor sea fundamental en nuestro uso de los dones.
2. Pedro dice que somos mayordomos de la gracia de Dios. ¿Cómo afecta esa terminología a su visión del servicio?

Días dos: Unidad

1. ¿Qué significa para Uds. cada uno de los siguientes:
   - "Unidad completa".
   - "Aceptaos los unos a los otros, tal como Cristo os aceptó".
   - "No haya divisiones entre ustedes".
2. ¿Qué fue lo más atractivo para ustedes acerca de la iglesia en Hechos 2?

Día tres y cuatro: Los dones de los demás

1. Compartan historias acerca de observar, afirmar y estimular los dones de los demás.

Día Cinco: Unidad y Servicio

1. ¿Qué les llamó la atención del Capítulo del Amor (1 Corintios 13:1-13)?
2. ¿Cómo se relaciona el amor con los dones y nuestro uso de ellos?
3. Pide a cada persona que dé un informe de lo que más recuerda de las lecturas adicionales de las Escrituras sobre la unidad.

Notas

NOTAS:

Motivaciones e intereses

Semana Cinco

Motivaciones e intereses

Ojalá por ahora tú ya hayas identificado algunas cosas que dan forma al llamado que Dios está invocando en tu vida. Tú has descubierto tus dones y reflexionado sobre cómo podrían ser utilizados en servicio. Además de llamamientos y dones, tus pasiones y motivaciones son importantes de identificar. Ayudan a formar la imagen de tu singularidad y señalan los lugares y las personas a las cuáles el Señor podría estar dirigiéndote.

Al igual que con los estudios de la semana anterior, examinarás importantes fundamentos bíblicos y más conceptos relacionados con nuestro llamado universal. Fundamentos como amarse unos a otros y vivir en unidad son clave para vivir como el pueblo de Dios, el Cuerpo de Cristo. Estos elementos esenciales pueden ayudar a evitar que un autoconcepto saludable se convierta en un egocentrismo insalubre.

Eres especial para Dios y distinto de cualquier otra persona que haya vivido. Dios desea que lo busques primero y vivas en Su llamado universal a todos los creyentes, así como Su llamado específico a ti solamente. ¡Que el estudio de esta semana te inspire y te desafíe de maneras nuevas!

LAS GUÍAS DE ESTUDIO DE ESTA SEMANA

Día Uno: ¿qué te conmueve?
Día Dos: tu estilo único
Día Tres: tu estilo continuado
Día Cuatro: el lado oscuro
Día Cinco: contexto—amarse los unos a los otros
Guía de discusión para grupos pequeños para la
    semana cinco

DÍA UNO ¿QUÉ TE CONMUEVE?

La Biblia está llena de ejemplos de individuos únicos. No hay dos iguales. Dios te ha hecho de una cierta manera a propósito, con tu propio conjunto de talentos, habilidades, dones y maneras en que estás inspirado y motivado.

No podemos preocuparnos por igual por cada necesidad que vemos u oímos en el mundo. Por lo tanto, Dios pone en cada uno de nuestros corazones impulsos o deseos o cargas que son aquellas áreas específicas donde estamos más dispuestos a hacer un compromiso, involucrarnos, incluso ensuciar nuestras manos. Esas áreas son lo que nos conmueve.

A veces, identificar cosas simples como disfrutar de la cocina o ser un entusiasta del ejercicio o trabajar con niños o viajar, revela parte de nuestros corazones, nuestras tendencias. En ocasiones, la ira o la insatisfacción es una pista de dónde el Señor puede querer que seamos un agente de cambio. Los lugares y situaciones en los que te sientes obligado a decir "sí" son probablemente los lugares donde Dios está empujando tu corazón, donde te preocupas más profundamente. Estas inclinaciones pueden ayudarnos cuando estamos confundidos acerca del llamado de Dios.

Usando la lista de verificación de las áreas de interés a continuación, elija hasta cinco con las que resuene más o agregue la suya propia.

☐ Acción Social
☐ Administración
☐ Adolescentes
☐ Adoración
☐ Amigos
☐ Animales
☐ Animar a otros
☐ Aprendizaje
☐ Arte
☐ Artesanía
☐ Asesoramiento
☐ Asesoramiento Espiritual
☐ Autenticidad
☐ Ayudar a las personas
☐ Ayudar a las personas con deudas
☐ Caminar en las montañas
☐ Centros de Campamento/Retiro
☐ Cocinar
☐ Compañerismo
☐ Computadoras
☐ Comunicaciones
☐ Comunidad
☐ Conocer a Dios
☐ Coro
☐ Coser
☐ Creatividad
☐ Crianza de hijos
☐ Cuidado de la salud

☐ Dar
☐ Discapacitados
☐ Discipulado
☐ Discipulado a Estudiantes Pre-universitarios
☐ Educación
☐ Embarazos en crisis
☐ Enfrentar la muerte - Cualquier edad
☐ Entretener
☐ Escritura
☐ Escuchar a la gente
☐ Escuela Secundaria
☐ Escuelas medias
☐ Estético
☐ Estudio Bíblico
☐ Éxito
☐ Extraños
☐ Facilitar
☐ Familia
☐ Familias luchando
☐ Fotografía
☐ Genealogía
☐ Grupos pequeños
☐ Hablar en público
☐ Historia
☐ Hospitalidad
☐ Huérfanos
☐ Idiomas

☐ Invertir en personas
☐ Jardinería
☐ Jóvenes Adultos
☐ Justicia
☐ La verdad (de Dios)
☐ Libros
☐ Liderar a personas
☐ Los perdidos
☐ Los Pobres/Pobreza
☐ Madres
☐ Madres jóvenes
☐ Matrimonio
☐ Medio ambiente
☐ Mejorar las cosas
☐ Ministerio de la Mujer
☐ Ministerio de la Universidad
☐ Ministerio de Prisiones
☐ Ministerio Intercultural
☐ Ministerio Laico
☐ Misiones
☐ Mostrar el amor de Dios
☐ Mujeres Jóvenes
☐ Mujeres profesionales
☐ Música
☐ Niños desfavorecidos
☐ Niños-Infantes, Preescolar
☐ Niños-Primaria
☐ Nuestra Iglesia
☐ Nutrición y Educación

☐ Oración
☐ Orden
☐ Organización
☐ Organización de Eventos
☐ Orientación de metas
☐ Padres solteros
☐ Pastorear a los demás
☐ Personas en Dolor y Sufrimiento
☐ Personas en edad profesional
☐ Personas Internacionales
☐ Personas mayores /60+ Ministerio
☐ Planificación financiera
☐ Planificación para el futuro
☐ Pueblos no alcanzados
☐ Quehaceres domésticos
☐ Reconciliación racial
☐ Solución de problemas
☐ Teatro
☐ Tecnología
☐ Tejer
☐ Trabajar con las manos
☐ Trabajar y fe
☐ Viajar
☐ Vivencias de parejas
☐ Causas/Problemas:
☐ Roles que disfrutas:
☐ Otro:

Mira las 5 áreas de interés que has escogido. ¿Qué muestran sobre dónde estás más dispuesto a involucrarte?

¿Ves un tema recurrente? Si es así, ¿qué es? Si no es así, ¿hay un tema en el papel que juegas en cada arena?

TOMA UN TIEMPO PARA ORAR todo el Salmo 139—inserta tu nombre en los versículos. Siéntate con Dios, escuchando los que Él dice acerca de ti y su creación de ti, adentro y afuera.

DÍA DOS   TU ESTILO ÚNICO

No sólo marchamos a un ritmo de tambor diferente—lo que nos conmueve—también tenemos preferencias distintas sobre cómo interactuamos con los demás y con el mundo que nos rodea. Hay muchos recursos para descubrir más sobre tu estilo, tus fortalezas, tu tipo de personalidad, etc. Gran parte de ella se reduce a preferencias.

Tómate un momento ahora para usar las siguientes preguntas para describir tu propio estilo único:

¿Cuál sería tu canción lema?
- ☐ Trabajo 9 a 5
- ☐ Celebración
- ☐ Podemos resolverlo
- ☐ No me detengas ahora

O, ¿Cuál sería tu melodía de vida?
- ☐ Confiar en Ti
- ☐ Dios está moviéndose
- ☐ Pon un poco de amor en tu corazón
- ☐ No temas

Marque dónde cae en cada uno de los siguientes:

Eres tú el

Tipo fuerte e independiente   o   Colaborativo, trabajar en equipo

Te encanta

Estar solo para hacer las cosas   o   Estar con la gente

Eres más

Serio   o   Divertido

Tiendes a ser

Directo   o   Indirecto

Prefieres estar

|_____|
En frente   o   Atrás de los escenarios

Eres más

|_____|
Una persona que ve el vaso medio lleno   o   Una persona que ve el vaso medio vacío

Te encantan

|_____|
Las discusiones abiertas   o   Prefieres ir directamente al punto

Eres más

|_____|
Espontáneo/Impulsivo   o   Sistemático/Analítico

Es importante entender tu propio estilo único, y pasar algún tiempo reflexionando sobre cómo esa distinción influye en tu enfoque de vida y de tu ministerio.

Algunas ilustraciones bíblicas de diferentes estilos:
- El apóstol Pablo puede llegar a ser percibido como muy intenso y cerebral, tal vez a veces tan contundente que parece ser ofensivo.
- Bernabé es conocido como fiel y agradable, alguien que anima a los demás y un constructor de puentes en las relaciones.
- Pedro es visto como fuerte, impulsivo—a veces como una persona que actúa antes de pensar, y un líder sólido.
- Santiago, el hermano de Jesús, es el líder de la iglesia de Jerusalén, guiando tranquilamente el debate teológico y la dirección organizacional.

Todos diferentes. Todos seguidores de Jesús. Todos probablemente con diferentes conjuntos de dones. Todos con diversas áreas de enfoque. Juntos realizando la obra de Dios en el mundo. Juntos siendo más que cualquiera de ellos podría ser y hacer solo. Cada uno insustituible.

¿Eres más como:
- ☐ ¿Pablo?
- ☐ ¿Bernabé?
- ☐ ¿Pedro?
- ☐ ¿Santiago?

Más ejemplos de diferencias en las Escrituras:
- Sarah parece ser una mujer que toma cartas en el asunto, está ferozmente comprometida con la familia, y leal pase lo que pase.
- Deborah es poderosa e influyente, inspirando valor en los demás, hablando con sabiduría y autoridad.
- Ruth es amorosa, amable, humilde, trabajadora, desinteresada y dispuesta a estar detrás de las escenas.
- María es fiel, acepta las circunstancias y obediente, probablemente tranquila y reservada, atesorando sus pensamientos en su corazón en lugar de usarlos en su manga.
- Lydia es una empresaria exitosa que es hospitalaria, persuasiva, generosa y busca la verdad.

¿Con quién te relacionas más cuando lees sus historias?

- [ ] ¿Sara?
- [ ] ¿Deborah?
- [ ] ¿Ruth?
- [ ] ¿María?
- [ ] ¿Lydia?

¿Con quién más te relacionas en las Escrituras? ¿Qué rasgos de ellos se parecen especialmente a tí o son atractivos para ti?

Tómese unos minutos para escribir una reflexión sobre lo que estos e jercicios han traído a la mente acerca de tí mismo.

DÍA TRES TU ESTILO CONTINUADO

¿Cómo te conectas mejor con Dios?

- [ ] ¿Al aire libre?

o

- [ ] ¿Adentro?

- [ ] ¿En adoración con los demás?

o

- [ ] ¿Solo?

Nuestras preferencias de interactuar también se extienden a la forma en que nos relacionamos con Dios y su Palabra.

- [ ] ¿A través de la Escritura?

o

- [ ] ¿A través del canto?

o

- [ ] ¿A través de la oración?

¿Resuenas más con el concepto de

- [ ] ¿Gracia?

o

- [ ] ¿Verdad?

- [ ] ¿Misericordia?

o

- [ ] ¿Justicia?

Tómate un tiempo ahora para identificar algunos auto descriptores:

Eres tú

|—————————————————————————————|

Aventurero   o   Cuidadoso

Eres tú

Una persona de amplia visión	o	Orientada a los detalles

¿Cómo te describirías? (marca todos que te aplican)

- [ ] Adaptable
- [ ] Amigable
- [ ] Amistoso
- [ ] Articulado
- [ ] Asertivo
- [ ] Caluroso
- [ ] Chistoso
- [ ] Compasivo
- [ ] Creativo
- [ ] Culturalmente sensible
- [ ] De buen ver
- [ ] Educable
- [ ] Eficiente
- [ ] Emprendedor
- [ ] Enérgico
- [ ] Espontaneo
- [ ] Exhaustivo
- [ ] Generoso
- [ ] Humilde
- [ ] Imaginativo
- [ ] Impaciente
- [ ] Influyente
- [ ] Integro
- [ ] Intuitivo
- [ ] Justo
- [ ] Organizado
- [ ] Perspicaz
- [ ] Persuasivo
- [ ] Positivo
- [ ] Práctico
- [ ] Responsable
- [ ] Seguro
- [ ] Sensato
- [ ] Servicial
- [ ] Sincero
- [ ] Tomo riesgos

¿De qué otra manera te describirías a ti mismo?

¿Cómo te describirían los demás?

Vas a tener tendencias y preferencias que son diferentes a las de los demás. ¿Cómo puedes utilizar mejor esta diversidad para seguir el llamado de Dios en tu vida y usar tus dones al máximo?

Cuanto más consciente seas, mejor conocerás los lugares y ministerios que mejor se ajustan. Tómate un momento ahora para anotar tus pensamientos sobre tus propias tendencias y preferencias y pensar más en cómo Dios las está usando o tal vez quiera usarlas:

¿Dónde podrían estas singularidades plantear un problema para otras personas que abordan la vida de manera diferente a ti?

¿Dónde podrían tus singularidades brindarles a otras personas la oportunidad de confiar en Dios?

Romanos 12:18 dice: "Si es posible, en la medida en que dependa de ti, vive en paz con todos". ¿Cómo puedes vivir en tu carácter y estilo distintivos y al mismo tiempo tratar de "vivir en paz con todos"?

Reflexiona

- Al cerrar la lección de hoy, lee **Romanos 12:9-18.**
- Medita en esos versículos que cuentan cómo debemos vivir la vida junto con los demás.

DÍA CUATRO EL LADO OSCURO

Siempre que exploramos la idea del llamamiento, también podemos luchar para abrazar el llamado colectivo de Dios en nuestras vidas.

Tú y yo estamos llamados a ser personas que
- nos animamos unos a otros y nos edificamos mutuamente
- oramos el uno por el otro
- nos amamos el uno al otro
- perdonamos nuestras faltas

Pero, a veces, en cambio
- nos criticamos unos a otros
- decimos chismes el uno del otro
- permanecemos enojados y sin perdonarnos
- vivimos con celos

A veces, tal vez no queramos escuchar el llamado específico de Dios sobre nuestra vida. Cada uno de nosotros no sólo es llamado a un Cuerpo particular de Cristo (iglesia), sino también a nuestros lugares de trabajo o voluntariado o vecindario o entorno familiar.

¿Dónde estás, en algunos de estos lugares, diciendo, como Moisés: ¿Quién soy yo para hacer esto? No sé lo suficiente ni tengo suficiente fe. No soy bueno hablando en público. Envía a alguien más, a cualquiera otra persona.

¿Eres resistente, como Jonás, huyendo del llamado de Dios porque tienes miedo de lo que podría implicar o costarte (Libro de Jonás—véase especialmente el capítulo 1)? O, ¿eres como Timoteo, tímido, temeroso de que tu juventud no se gane respeto, necesitando una fuerte exhortación de su mentor Pablo para poder entrar plenmente en su llamamiento (1 Timoteo 4; 2 Timoteo 1-3)? Escribe tus pensamientos aquí:

Tomemos una lección de las respuestas de Dios a Moisés (haciéndose eco del estudio de la semana uno—Éxodo 3-4). Dios le dice a Moisés, a ti y a mí:
- Estaré contigo.
- Tengo un Nombre todopoderoso que está arraigado en la eternidad.
- Te daré dones y habilidades para hacer las cosas que te he pedido que hagas.
- Puede que pienses que eres ordinario, pero te usaré para lograr lo extraordinario.
- Estaré contigo. Te diré qué decir y qué hacer.
- Soy capaz.
- Ve/Anda.

¿Estás en un lugar donde conoces al menos parte del llamado y la promesa de Dios, pero también tienes la fuerte sensación de que o bien te ha pedido que esperes o parece haber algún retraso?

David fue ungido como rey y luego tuvo que esperar y esperar, probablemente quince años, para convertirse en rey de Judá y otros cinco para convertirse en rey de la nación de Israel.

Caleb fue fiel, pero tuvo que vagar por el desierto durante cuarenta años debido a la infidelidad de los demás antes de recibir la herencia prometida—una porción de la Tierra Prometida—por la cual (a los 80 años) aun tuvo que luchar. (Véase Josué 14).

¿Dónde puedes estar "esperando activamente", construyendo músculo espiritual para el tiempo en el futuro donde Dios te libere plenamente en tu llamamiento?

¿Dónde puedes ser "fiel en algunas cosas" antes de que tu Maestro te confíe estar "a cargo de muchas cosas"? (Mateo 25:21)

O tal vez has llegado a depender demasiado de los pastores y el personal de la iglesia. Actuamos como si el personal estuviera contratado para "hacer" el ministerio. Pero Dios da dones a todos los creyentes, no a un grupo de gente de élite espiritual.

Tal vez estás esperando hasta que tu tengas un poco más de autoconfianza, un poco más de madurez: "No sé lo suficiente todavía...Aún no estoy listo". Así como no hay un plan de jubilación descrito en las Escrituras, tampoco hay indicios de que debamos pasar un tiempo indefinido al margen en lugar de entrar de lleno en el juego. Vemos jóvenes y viejos, mujeres y hombres, bebés espirituales y los más maduros, niños y adultos, con entrenamiento y sin entrenamiento, todos utilizados por Dios.

Queremos certidumbre...pero Dios quiere nuestra fe y nuestra obediencia.

No pasemos por alto el hecho adicional de que el enemigo no quiere que esto funcione. Si este es el plan de Dios para la iglesia, entonces sabotearla es la estrategia del maligno, tratar de mantenernos envueltos...atados... adormecidos, sin saber de nuestro gran valor. Satanás nos susurra "no tienes valor...nadie necesita tu contribución...solo ve a la iglesia, obtén lo que necesitas...y márchate". Así que algunos de nosotros dejamos estos valiosos dones en el estante. Creemos en la mentira que no tenemos nada que aportar, que no somos necesarios para el funcionamiento de la iglesia. Vivimos con miedo—miedo a arriesgarnos, a fracasar, a salir de nuestra zona de confort—en última instancia, temerosos de confiar en el Dios de la promesa, la esperanza, el poder y la transformación.

Lee 1 Pedro 5:8-11.

Detalla las advertencias de Pedro sobre el enemigo:

¿Qué vamos a hacer?

¿Qué hará Dios por nosotros?

Si usted está luchando con el concepto de llamado o los resultados de la evaluación de sus dones, ¿puede identificar por qué?

- ¿Es algo en tu relación con Dios?

- ¿Es timidez o miedo?

- ¿Es una dependencia excesiva del clero?

- ¿Estás esperando certeza?

- ¿El enemigo está susurrando mentiras sobre tu valor como persona?

- ¿Te estás comparando con otro?

Tendemos a pensar en los dones son para los santos de la Escritura o "estrellas" del ministerio, pero también lo es para aquellos que nunca serán famosos. Ejercer dones no tiene que parecerse a Moisés o a la Madre Teresa, sino que puede ser ayudar a obtener justicia para unas pocas personas, o llevar a una persona a la fe, o consolar a una persona que sufre. ¡Cualquier cosa en las manos de Dios se hace significativa!

Tira por la borda la presión de ser como los demás o la tendencia a ser tentativo. Si los dones de alguien han quedado inactivos / sin usar / enterrados durante demasiado tiempo, entonces hemos malinterpretado cómo la iglesia va a operar...y nos hemos conformado con algo mucho menos de lo que Dios pretendía.

Nada de este proceso se trata de estar obsesionado con uno mismo, sino de tratar de ser seguidores fieles mientras dejamos el reconocimiento a Dios. Deja que Dios te eleve.

¿Qué es una cosa que puedes hacer para recordarte de tu necesidad de buscar a Dios en estas cosas?

Además, ¿dónde podrías verte tentado a ver tus dones como

- ¿Más importante que otros?

- ¿Menos importante que otros?

¿Cuál es una manera de verte correctamente?

PASA UN TIEMPO EN ORACION, parafraseando estas palabras de Dios a Moisés como palabras a ti en Éxodo 3-4:

> *Dios dice: Estaré contigo. Tengo un nombre todopoderoso que está arraigado en la eternidad.*
> *Te daré dones y habilidades para hacer las cosas que te he pedido que hagas.*
> *Puede que pienses que eres ordinario, pero te usaré para lograr lo extraordinario.*
> *Estaré contigo. Te diré qué decir y qué hacer. Soy capaz. Ve. Amén.*

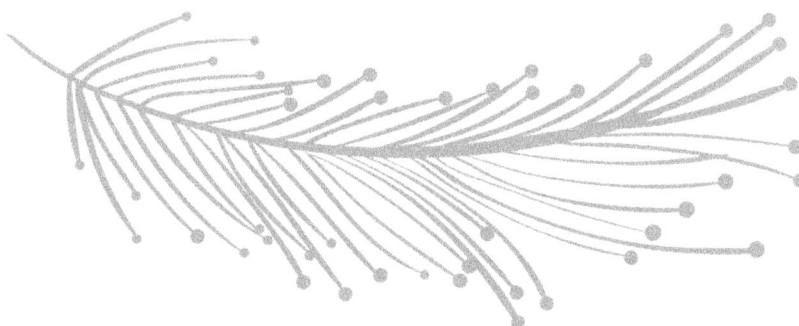

DÍA CINCO — CONTEXTO: ÁMANSE LOS UNOS A LOS

Escribe Deuteronomio 6:5:

Escribe Levítico 19:18:

Lee Mateo 22:34-40.
¿Cuál es la respuesta de Jesús a la pregunta, "Maestro, ¿cuál es el mandamiento más importante de la Ley"?

El mensaje del Antiguo y del Nuevo Testamento es constante: Amar a Dios; amar a los demás. Es fácil de decir. Difícil de hacer.

Vuelve a leer Juan 13:1-17.
¿Cuál es el escenario/contexto de estas instrucciones de Jesús a los discípulos?

Según el versículo 1, ¿cuál fue la motivación de Jesús para el ministerio?

¿Cómo modela eso a Sus discípulos en este caso?

En los versículos 14-17, ¿qué manda a ellos y a nosotros que hagamos el uno por el otro?

¿Cómo se ve esto exactamente en términos prácticos del siglo XXI?

Más abajo en este mismo pasaje, lee Juan 13:33-35.

¿Cuál es este nuevo mandamiento que Jesús nos da a los discípulos y a nosotros?

¿Cuál es el estándar para este amor?

¿Cuál será el resultado de que nos amemos los unos a los otros?

¿Cuál es la medida de cómo la gente sabrá que eres un seguidor de Jesús?

¿Dónde estás actualmente "ocupado en las cosas de Dios" pero tal vez menos amoroso de lo que podrías ser? ¿Cómo puedes comenzar ahora a centrarte menos en los programas y proyectos y las participaciones de la iglesia y más en cómo amar y cuidar a los que Dios trae a tu vida?

¿Cómo puedes ver toda tu vida bajo la dirección, la autoridad, la guía y la gracia de Dios?

Lee Romanos 13:8-10.

¿Qué deuda describe Pablo en el versículo 8?

A veces se critica a los cristianos por su preponderancia al "no hagas". ¿Cómo describirías la forma en que Pablo lo pone en estos versículos?

Hemos oído del Antiguo Testamento, de Jesús, de Pablo. Ahora Pedro y Juan dan su opinión:

Lee 1 Pedro 1:22-23.

Escribe tres maneras en que Pedro dice que debemos amarnos los unos a los otros:

1.

2.

3.

Lee 1 Juan 3:16-24.

¿Cómo sabemos cómo es el amor?

Haz una lista de algunas maneras en que podemos amar no solo con nuestras palabras, sino con "hechos y de verdad".

Vuelva a leer los versículos 23 y 24. ¿El amor no es sólo una sugerencia, es qué? _____.

¿Y somos empoderados por quién? _____

Lee 1 Juan 4:7-16.
¿De dónde viene el amor?

¿El versículo 12 dice que nuestro amor el uno por el otro es una prueba de qué?

Una vez más, en el versículo 13, ¿de dónde viene el poder de amarse los unos a los otros?

Califique usted mismo esta semana:

No muy amoroso   Amar como lo hizo Jesús
    0   1   2   3   4   5   6   7   8   9   10

Tómese el tiempo para meditar en los pasajes de **Juan 13** y **1 Juan 4.**

PASA TIEMPO EN ORACION pidiéndole a Dios que te ayude a "conocer y descansar en el amor" que Dios tiene por ti, que te muestre maneras de amar con "hechos y de verdad", que te ayude a amar profundamente y de corazón a los que te rodean, y a ser ejemplo del amor de Cristo para un mundo desesperado y solitario.

REPASA LOS ÚLTIMOS CINCO DÍAS DE LA TAREA:

- En las Escrituras que leíste y tus respuestas a las preguntas relacionadas, selecciona una lección clave que hayas aprendido.
- De las preguntas de reflexión personal, selecciona una cosa que aprendiste acerca de tí mismo, tu llamado o como Dios te ha equipado.
- Transfiere estas dos lecciones a la tabla en la página 164.

Guía de discusión para grupos pequeños para la quinta semana

Motivaciones e intereses

Día Uno: ¿Qué te conmueve?

1. Analicen lo que las personas identificaron o descubrieron al pensar en sus áreas de interés.
2. Pida a las personas que compartan al menos dos cosas de esta lección acerca de sus pasiones o motivaciones, y cómo afectan o podrían afectar su enfoque de vida/ministerio.

Días Dos y Tres: su propio estilo único

1. Analicen lo que las personas identificaron o descubrieron al pensar en su propio estilo único.
2. Pide a las personas que compartan al menos dos cosas de esta lección acerca de su estilo y preferencias, y cómo ese carácter distintivo influye en su enfoque de vida/ministerio.
3. ¿Dónde ven cómo su singularidad puede suponer un problema para otras personas que abordan la vida de manera diferente? ¿Dónde podrían estas brindarles la oportunidad de confiar en Dios?

Día Cuatro: El Lado Oscuro

1. ¿Dónde están siendo reacios a abrazar el llamado universal de Dios o tu llamado específico?
2. ¿Dónde pueden ser "fieles en algunas cosas" aunque aún no tengan certeza acerca de su llamamiento?
3. ¿Qué cosa pueden hacer para recordarles de su necesidad de buscar a Dios en estas cosas?

Día Cinco: Contexto-Amaos unos a otros

1. Dediquen tiempo para analizar el mandamiento más grande y las instrucciones de Jesús a Sus discípulos en Juan 13. ¿Cómo se ve esto exactamente en términos prácticos en el siglo XXI?
2. ¿Dónde están actualmente "ocupado en Dios" pero quizá menos amorosos de lo que podrían ser? ¿Cómo pueden ser más amorosos y solidares con aquellos que Dios trae a sus vidas?
3. ¿Qué suman Pedro (1 Pedro 1:22-2) y Juan (1 Juan 3:16-24; 1 Juan 4:7-16) a la discusión sobre el "amor"?

Considere terminar el tiempo leyendo Salmos 139 en voz alta. Aliente al grupo a empaparse de lo que el Señor dice acerca de ustedes y acerca de que han sido creados por El, por dentro y por fuera.

NOTAS

NOTAS:

Poniendo todo junto

Semana Seis

Poniendo todo junto

Cuando pensamos en las instrucciones de dios a su pueblo (a nosotros) a menudo pensamos en las que comienzan con "no hagas". Sin embargo, el mandato último de dios es amar, amarlo primero y seguidamente amar a los demás. Es un mandato de hacer algo. Pero, sin jesús y sin su poder, somos incapaces de obedecer plenamente ese mandato de alta orden. Esta semana, consideramos que permanecer en Jesús es nuestra fuente de vida, de fortaleza y de poder. Poder para amar a los demás.

También tendrás tiempo en esta última semana para reflexionar sobre las semanas anteriores y continuar escuchando la voz de Dios a través de Su Palabra. El estudio se vuelve práctico a medida que tu y tu grupo exploren las aplicaciones reales y posibles ministerios, teniendo en cuenta otras consideraciones importantes como tu situación actual de vida y tu caminar con Cristo.

Ten en cuenta que la idea es buscar a Dios, aprender lo que puedas acerca de tu llamado, dones e intereses, y probar algo. La obediencia y el servicio no se trata de sentimientos de culpa. Se trata de tomar lo que sabes sobre ti mismo y combinarlo con lo que sabes sobre Dios y dar ese siguiente paso. Se trata de enfocar, no en el impacto de tu servicio, sino en Jesús, y dejarle dirigir el resultado.

LAS GUÍAS DE ESTUDIO DE ESTA SEMANA

Día Uno: PERMANECER
Día Dos: EL QUÉ, EL CÓMO Y EL DÓNDE DEL SERVICIO
Día Tres: POSIBILIDADES DEL MINISTERIO
Día Cuatro: OTRAS CONSIDERACIONES IMPORTANTES
Día Cinco: ÁNIMO Y DESAFÍO

DÍA UNO PERMANECER

Lee 1ra Pedro 2:1.

Haz una lista de al menos cinco cosas de las que Pedro dice que debemos librarnos en nuestras relaciones unos con otros:

1.
2.
3.
4.
5.

Malicia... Calumnia... Envidia. Todo arraigado en comparación... en tratar de subir un poco más alto que el otro. Si te detienes a pensar en ello, la envidia es realmente ira contra Dios, la ira de que Dios le ha dado a otra persona algo que yo quiero o creo que necesito. Es una forma de decirle a Dios, indirectamente, "Estoy i nfeliz con mi suerte. ¿Por qué él o ella consigue/ tiene _____ (rellene el espacio en blanco con su propio descontento) y yo no"? Cuando buscamos entender nuestros dones y vivir nuestro llamamiento en la comunidad, hay una tentación de compararse. Tenemos que dejar de ver a los demás como nuestra competencia, y en su lugar verlos como socios iguales, miembros iguales del Cuerpo de Cristo. ¡Estamos en el MISMO lado de las cosas, no en bandos opuestos!

Ven a El. Permanece en El.

Lee Juan 15:1-18.

¿Quién es la vid?

¿Quién es el jardinero?

¿Quién es la rama?

¿Qué es necesario para que una rama (tú) dé fruto (versículos 4-7)?

¿Qué, según el versículo 8, trae gloria al Padre?

¿Cuál es una manera de permanecer en Jesús esta semana?

Constantemente en los evangelios—Jesús "llamó a Sus discípulos hacia El"... para enseñar, para enviar, etc. Nuestro llamado, haciendo eco de todo este estudio, es el mismo: A Jesús primero... y luego a aprender y ser enviado y servir. ¡Si sigues a Jesús y permaneces en El, no puedes equivocarte si no puedes pensaren en que hacer!

Lee 1 Pedro 2:10 (Recordando algunos conceptos de la primera semana).

¿Qué somos ahora?

¿Qué hemos recibido ahora de Dios?

¿Cuál es tu respuesta?

Lee 1 Pedro 2:11-12.

Permanecer en Jesús, servir y amar a los demás es dar vida. ¿Qué dicen esos versículos que es matar almas?

En cambio, ¿cómo vamos a vivir?

¿Cuál será el resultado de vivir de esa manera?

Lee 2 Corintios 5:14-21.

Del versículo 14, ¿qué "nos obliga"?

¿Para quién vive ahora? (versículo 15)

¿Qué ministerio nos ha dado Dios? (versículo 18-19)

¿Cómo se nos llama en el versículo 20?

Reflexiona aquí sobre lo que estos versículos significan para ti en tu(s) situación(es) actual(es):

PASA TIEMPO EN ORACIÓN—meditando en las palabras de Jesús en Juan 15:1-18, tratando de "permanecer" en Él hoy.

DÍA DOS   EL QUÉ, EL CÓMO Y EL DÓNDE DEL SERVIR

Recuerda el ejemplo de Moisés que has estudiado en semanas anteriores. Moisés probablemente tenía fuertes dones de Liderazgo y Pastorado, y probablemente Sabiduría o Discernimiento (todo el pueblo acudió a él como juez). Puede haber tenido el don de la intercesión (siempre buscando el rostro de Dios en nombre del pueblo). Su llamado fue dirigir a otros hacia la libertad. Puestos juntos, Dios usó a Moisés para guiar a Su pueblo durante 40 años de la esclavitud a la libertad...de Egipto a la Tierra Prometida. Dios llamó a Moisés. Dios equipó a Moisés. Moisés obedeció.

¿Tal vez tu no estás llamado a conducir a toda una nación a través de una tierra desértica...pero tal vez tu y tus dones de Liderazgo o Pastoreo están destinados a ser utilizados para guiar a alguien de la oscuridad a la luz...de una existencia sin Dios a la vida con Jesús? Tal vez Dios te está pidiendo que uses tu Sabiduría o Discernimiento para ayudar a guiar a su iglesia u otra persona a través de una decisión importante. O, tal vez tu don de Intercesión es esencial para invitar el poder y la presencia de Dios a una situación particular que Dios sigue trayendo a tu mente.

Y recuerda, un llamado definitivo como el de Moisés a menudo viene después de tiempos o incluso de toda una vida de preparación, entrenamiento y fidelidad en las cosas "más pequeñas". Moisés fue entrenado en la casa del Faraón. Moisés luego se convirtió en pastor en Midián. Moisés tenía ochenta años cuando comenzó su ministerio del llamado de Dios para guiar al pueblo hebreo a la libertad. Y, había muchas otros "llamados" dentro de ese llamado definitivo: recibir mandamientos de Dios para Israel, escuchar a Dios en nombre del pueblo, elegir líderes, guiar la edificación del tabernáculo, etc.

Para ti, puede ser que estés en un momento de preparación esencial para algo que viene después. Tal vez Dios está pidiendo tu fidelidad en hacer una cosa bien antes de pasar a la siguiente cosa. Tal vez te esté entrenando ahora para algo que sólo él puede ver en el horizonte de tu vida. Sólo él puede conectar esos puntos.

Escribe tus pensamientos aquí:

O piensa en el ejemplo de Daniel. Probablemente tenía dones de Administración, Liderazgo y Fe. También tenía dones de Profecía y tal vez Conocimiento. A esto hay que añadir el toque de Dios para que el joven Daniel defendiera sus derechos y los de los demás y el llamado posterior a convertirse en un líder nacional de influencia en un ambiente hostil.

Tal vez no te lleven al exilio como prisionero de guerra como Daniel, pero tal vez tus dones de Administración o Fe o Profecía o Conocimiento son exactamente lo que Dios usará en tu lugar de trabajo o vecindario o escuela o gimnasio o club de lectura o donde Dios te haya colocado para vivir y hablar por él.

Escribe tus pensamientos aquí:

Los dones de Juan el Bautista parecían ser los de Enseñanza, Profecía y Exhortación. El llamado de Dios a su vida fue preparar humildemente el camino para Jesús, el Mesías. Tal vez usted debe utilizar su Exhortación o Profecía o Enseñar—dones para preparar humildemente tu iglesia para algo o instar a alguien a mayor salud espiritual.

Escribe sus pensamientos aquí:

La empresaria Lydia podría haber tenido los dones de Hospitalidad, de Servicio y Generosidad. Como resultado de su fe y sus dones, se ofrece a hospedar a Pablo, a sus compañeros y, en última instancia, una iglesia en su hogar. Tal vez tu estás llamado a utilizar tus dones de Generosidad o Servicio u Hospitalidad y responder al toque del Espíritu Santo para abrir tu hogar con un propósito divino.

Escribe tus pensamientos aquí:

El llamado de Rut era seguir al Dios de los Hebreos y ser leal a su suegra, incluso hasta el punto de moverse a una tierra extranjera, sin saber cómo sería recibida y sin tener garantías para su futuro. Rut se ganó una nueva tierra, un nuevo hogar, un nuevo esposo y una familia. Se convirtió en la bisabuela del rey David y figura en la genealogía de Jesús.

El llamado de Leví estaba lejos de recaudar impuestos, o al menos lejos de las ganancias indebidas que venían con ese trabajo. Su llamado fue seguir a Jesús. Leví obtuvo una nueva identidad: discípulo de Cristo.

El llamado de Rahab estaba lejos de la prostitución. Más bien estaba en ser por siempre parte de una nueva familia de israelitas y su Dios, y se convirtió en parte del linaje del Mesías, algo que no podía haber sabido cuando se apartó de su antigua vida.

¿Estás llamado a ser simplemente leal a Dios y a tu familia? ¿A mudarte a algún lugar desconocido, donde Dios ha llamado a tu cónyuge o a un miembro de tu familia? ¿Dejar una profesión que socava constantemente tu fe y crea tentaciones que ya no eres un capaz de resistir y avanzar hacia una vocación donde Dios te dirige? ¿Te esta pidiendo Dios que te vuelvas plenamente hacia Dios y te alejes de tu pasado?

Escribe tus pensamientos aquí:

Y recuerda, Dios lo usa todo, así que no ignores un talento que tengas o una experiencia de vida te hace adecuado de manera única para algo. Todo cuenta.

Hoy:

Vuelve y revisa tus notas de la primera semana. Escribe un resumen de tus lecciones aprendidas. ¿Qué fue lo más importante esa semana? ¿Qué destacó de la Escritura y de tus reflexiones?

Vuelve y revisa tus notas de la segunda semana. Escribe un resumen de tus lecciones aprendidas. ¿Qué fue lo más importante esa semana? ¿Qué destacó de la Escritura y de tus reflexiones?

Vuelve y revisa tus notas de la tercera semana. Escribe un resumen de tus lecciones aprendidas. ¿Qué fue lo más importante esa semana? ¿Qué destacó de la Escritura y de tus reflexiones?

Vuelve y revisa tus notas de la cuarta semana. Escribe un resumen de tus lecciones aprendidas. ¿Qué fue lo más importante esa semana? ¿Qué destacó de la Escritura y de tus reflexiones?

Vuelve y revisa tus notas de la quinta semana. Escribe un resumen de tus lecciones aprendidas. ¿Qué fue lo más importante esa semana? ¿Qué destacó de la Escritura y de tus reflexiones?

¿Ves un tema recurrente? ¿Algo que Dios te está diciendo? Escribe tus pensamientos aquí:

Tu vida entera es ministerio. Estás sirviendo a Jesús dondequiera que estés, dondequiera que vayas, hagas lo que hagas. Tu tienes gran significado: para Dios, para Su pueblo (la iglesia) y para el mundo que necesita conocerlo.

Tu llamado es una manera en que Dios te ha nombrado para llevar a cabo Su misión en la iglesia y en el mundo. Tus dones son una manera en la que Dios te ha equipado para hacer lo mismo. Este estudio y evaluación puede haberte ayudado a identificar y a entender tu llamado, tus dones y los de otros, pero, en última instancia, necesitas salir y hacer uso de ellos. Cuanto más uses tus dones, más verás nuevas oportunidades para usarlos. Cuanto más ejerzas lo que Dios te ha dado, más verás como El ve y dependerás de El para el combustible que necesitas para seguir adelante.

PASA TIEMPO EN ORACIÓN, buscando la guía de Dios. Si alguna historia en las Escrituras de alguna persona en particular resuena, regresa y vuelve a leerla. Mira lo que Dios te muestra en ese momento.

DÍA TRES   POSIBILIDADES MINISTERIALES

Si tú estás sirviendo actualmente en un lugar o ves tu vocación como un lugar de ministerio, ¿qué te gusta de ello?

Tómate el tiempo ahora para anotar al menos otras dos posibles áreas de ministerio o temas que toman en cuenta lecciones clave aprendidas del estudio anterior de cinco semanas:

Pasa al menos quince minutos examinando información en línea, las organizaciones a las cuales tu iglesia hace donaciones, u otros recursos locales y haz una lista de posibles lugares de participación que encuentres sean de tu interés y un posible "encaje". No pases por alto las oportunidades del ministerio que pueden estar justo frente a ti o puedan ser informales (que involucran a la familia, amigos, tu vecindario, tu lugar de trabajo).

Ubicación/Agencia/Contexto	Oportunidad de servicio	Información de contacto/ Notas

Si estás haciendo este estudio con un grupo, dedica tiempo para que cada persona comparta su lista de posibles maneras de aplicar sus dones y llamado. Tómate un momento para hacer una lluvia de ideas adicionales para servir o enfocar el ministerio en función de cómo Dios los ha creado.

Escribe aquí las nuevas ideas que tu grupo generó:

Ubicación/Agencia/Contexto	Oportunidad de servicio	Información de contacto/ Notas

Vuelve a las dos listas anteriores y circula o resalta UN lugar donde te comprometerás a explorar cómo participar en las próximas semanas.

¿De qué manera te sientes desafiado por el descubrimiento o el uso de tu(s) don(es)?

Cada don no es sólo para nosotros. Es un reflejo de la naturaleza misma—el carácter mismo—de Dios.

Tómate unos momentos ahora para involucrar tu mente y tu corazón en las siguientes Escrituras, tal vez obteniendo la perspectiva necesaria de tu peregrinaje.

Lee 1 Tesalonicenses 1:2-3.
Haz una lista de las tres cosas que Pablo recuerda acerca de los tesalonicenses, luego agrega los calificativos: (El primero se completa para ti).

Recordamos su...	Calificativos
1. trabajo	producido por la fe
2.	
3.	

Que vuestra obra esté siempre arraigada en la fe en Jesús, que vuestro servicio esté motivado por el amor de Dios, y que perseveren a causa de la esperanza eterna que tenéis en Cristo.

Lee 2 Tesalonicenses 1:11-12.
Pablo está orando constantemente por las iglesias. Esto podría ser un indicador del don de la Intercesión. **¿Cómo** ora Pablo para que Dios los empodere?

¿Por qué ora esto? (Busque el "para que").

En última instancia, Dios merece y debe recibir la gloria.

Lea Colosenses 1:9-12 (en la traducción de NVI) y rellene los espacios en blanco a continuación:

"Por eso, desde el día en que lo supimos, no hemos dejado de orar por ustedes. Pedimos que _____ les haga _____ _____ __ _____ con toda _____ __ _____ _____, para que _____ __ _____ __ _____, agradándole en todo. Esto implica __ ____ __ ____ ____ ____, crecer en el _____ __ _____ y ser fortalecidos en todo sentido con su glorioso poder. Así _____ __ _____ en toda situación, ____ __ _____ al Padre. Él los ha _____ ____ _____ de la herencia de los santos en el reino de la luz".

Ahora, regresa y **ORA** Colosenses 1:9-12 para ti.

ORA Colosenses 1:9-12 otra vez, esta vez para tu iglesia.

DÍA CUATRO OTRAS CONSIDERACIONES IMPORTANTES

*N*uestro involucramiento no está impactado solamente por el llamado y los dones, sino también por donde Dios nos ha puesto, nuestras circunstancias y responsabilidades, nuestro caminar con Jesús, y nuestra voluntad. Pasa un tiempo de reflexión hoy, evaluando algunas de estas categorías en tu vida.

Temporada de vida actual

Evalúa tu situación actual de vida. ¿Estás en una transición (casa, trabajo, familia, amistades, participaciones)? ¿Estás demasiado ocupado o aburrido con las cosas que estás haciendo? Escribe algunas ideas sobre tu situación de vida actual:

¿Dónde estás limitado por circunstancias reales y dónde estás usando las circunstancias como excusa?

Caminar con Cristo

¿Dónde estás en tu relación con Jesús? ¿Dirías que estás creciendo, estancado o en algún lugar intermedio? ¿Te sientes cerca de Dios o distante? ¿Quién se movió? A veces nuestra incapacidad para escuchar claramente el llamado de Dios es Que Dios nos pide que esperemos. A veces esa incapacidad está arraigada en nuestra necesidad de volver a Jesús y alejarnos de otras distracciones que nos impiden conocerlo profundamente a él. Reflexiona aquí sobre tu caminar con Cristo:

¿Qué es una cosa que podría ayudar a hacer que tu relación con Dios llene cada vez más tu alma y transforme tu vida?

¡Prueba algo!

¿Aún te preguntas qué sigue? No pienses demasiado esto. Sal con fé y usa lo que sabes sobre ti mismo y lo que sabes acerca de Dios. Confía en Dios. Depende de ti. Dios no toma el control y se asegura de que usemos nuestros dones y respondamos a Su llamado. Se nos da la responsabilidad de usarlos. Aprende mientras experimentas. ¡Y, recuerda de donde viene el poder! ¿Qué es una cosa que puedes probar en el próximo mes para experimentar con tus dones y llamado?

Reconocer que es un proceso.

Obtén más información sobre los dones. Usar tus dones y entenderlos llevará toda una vida. Crecer en semejanza de Cristo lleva toda una vida. Dos indicadores de que lo que estás utilizando es realmente un don:
1. Es tu primera respuesta en cualquier situación dada.
2. Otros pueden verlo en acción.

¿Cuál es una primera respuesta común para tí?

¿Qué notan y elogian los demás acerca de tí o tú ministerio?

Aprender cuáles NO son tus dones.

No te rindas de inmediato si las cosas no funcionan exactamente como esperabas la primera o incluso la segunda vez. Las experiencias que te enseñan cuáles no son tus dones son tan valiosas en el camino como las que lo afirman.

¿Cuál no es claramente tu arena, basado en experiencias pasadas?

No te motives por la culpa o paralices por comparaciones.

Efesios 2:8-9 nos recuerda que nuestra motivación para servir debe ser en respuesta a la gracia abundante de Dios con nosotros: "Porque es por gracia que habéis sido salvos, a través de la fe, y esto no es de vosotros mismos, es el don de Dios, no por obras, para que nadie pueda presumir".

Y, servir con nuestros dones y llamados no se trata de estar más ocupado. Se trata de hacer lo que Dios te diseñó para hacer. Motívate por la alegría... por la expectación... por la curiosidad de lo que Dios puede hacer... por invitación.

1 Corintios 12:7 (El Mensaje) dice: "A cada persona se le da algo que hacer que muestra quién es Dios. Cada uno se involucra en ello". Haces una cosa. Alguien más hace otra. No se necesitan comparaciones.

¡Y, al final, no depende de ti!

Lee 1 Corintios 2:4-5.
¿Pablo descansa en sus habilidades o en otra cosa?

¿Qué esa esa otra cosa?

Lee 2 Corintios 4:7.

¿Cómo se nos llama en este pasaje? ¿Para mostrar qué?

Lee 2 Corintios 12:9.

Cuando te sientes débil, ¿cuál es la tranquilidad que tienes?

Lee Efesios 1:18-23.

Describe el poder que se nos promete en Cristo.

Lee Efesios 3:16-21. Subraya las veces que veas referencias al poder, al Espíritu o al amor en este pasaje.

Ahora vuelve y ORA ESTE PASAJE EN VOZ ALTA, proclamándolo para ti mismo.

Se nos promete el poder de Dios. El poder supremo de Dios.
Su poder incomparablemente grande, que nos fortalece, llena, nos capacita.
Podemos hacer mucho más que cualquier cosa que podamos soñar nosotros mismos,
porque el Espíritu de Dios está trabajando en y a través de nosotros para llevar a
cabo Su obra en este mundo.

Lee Efesios 6:10 (en la NVI) y llena las palabras que faltan:

"Por último, _____ con el gran _____ _____ _____".

DÍA CINCO   ÁNIMO Y DESAFÍO

Para completar este estudio, es posible que hayas encontrado afirmación de que ya estás en el lugar correcto haciendo las cosas que Dios te ha llamado/llenado de dones para que las hagas. ¡La afirmación es una gran cosa! Tu desafío será continuar viendo a Dios donde estas y siempre estar abierto a un cambio en tu llamado o cómo usas tus dones para Su Reino.

¿En qué áreas te ha afirmado este estudio?

Para otros de ustedes, este ha sido un gran momento "ajá", un momento de darse cuenta en el que han ganado claridad en torno al llamado de Dios y ahora están buscando opciones para involucrarse. En este punto, una lista de oportunidades o lluvia de ideas con otros es útil.

¿Cuál ha sido tu momento "ajá"?

Para algunos de ustedes, el estudio de los dones los ha ayudado a darse cuenta de que están demasiado ocupados y demasiado involucrados en demasiadas cosas, tal vez por un sentido de obligación en lugar de llamado. Tal vez ahora puedes sentir que tienes permiso para dejar algo. (Este es el lugar donde los líderes de la iglesia se ponen nerviosos, pero realmente queremos que las personas se comprometan donde sienten que Dios está llamándoles y moviéndoles, no porque las hayamos coaccionado para que participen).

¿Hay lugares dónde puedes estar sirviendo únicamente por culpa u obligación?

O, si todavía estás confundido acerca de quién es Jesús y por qué el llamado y los dones son importantes para los seguidores de Cristo, podrías buscar un lugar donde puedas hacer preguntas sobre la fe y llegar a conocer a Jesús de una manera fresca, nueva y que da vida. Al mismo tiempo, busca algunas oportunidades de servicio que sean de fácil entrada donde puedas entregarte a ti mismo, puedas crecer y seas discipulado.

¿Dónde puedes aprender más acerca de Jesús en esta época?

Tómate un momento para reflexionar sobre los mensajes de los siguientes versículos:

Lee Daniel 9:18b-19.
¿Por qué dice Daniel que hacemos peticiones a Dios?

¿Qué cosas le pide Daniel a Dios <u>antes</u> de pedirle a Dios que actúe?

En Espera

Lee Salmos 27:14.
Escríbelo aquí:

Lee Miqueas 7:7 y rellena las palabras y frases que faltan:

"Pero yo __ _____ __ _____ en el SEÑOR; yo _____ __ __ Dios de mi salvación. ¡Mi Dios me _____"!

¿Qué te dicen esos versículos acerca de esperar?

Encuentra la tranquilidad en Jeremías 33:3.
Escribe ese versículo aquí:

PASA TIEMPO EN ORACIÓN sobre lo que haz aprendido.

La visión de Dios para la iglesia es que seamos una fuerza atractiva, emocionante, viva, transformadora en este mundo perdido... y él ha elegido para llevar a cabo Su visión una comunidad interdependiente llena de dones: nosotros.

Verás que las cosas pasan. Darás tu don a la iglesia y al mundo y comenzarás a ver vidas tocadas. Mirarán su propia vida de manera diferente y verán a Dios obrando de nuevas maneras. Servir como Dios desea nos transforma. Altera cómo experimentamos a Dios y cómo vemos a los demás. El servicio resulta en una renovación de nuestros corazones y mentes, y, con suerte, nos mantiene dependientes de la fuente de poder: el Espíritu de Dios en nosotros. Servir como el Señor no sólo nos cambia; cambia el mundo, un acto a la vez.

Desde hoy en adelante, comprométete a descubrir cómo Dios ha creado tu ser más íntimo... y cómo él te ha moldeado y concedido dones para vivir y servir.

¡El impacto de responder al llamado y equipamiento de Dios importa!

- Moisés finalmente abraza su llamado y lleva a los israelitas a la Tierra Prometida. (Éxodo, Levítico, Números, Deuteronomio)
- Miriam dirige a los israelitas en la adoración, el canto y la danza. (Éxodo 15)
- Bezalel hace lo que está diseñado para hacer como artista, diseñador, artesano, maestro, construyendo el Tabernáculo donde Dios moraría entre Su pueblo. (Éxodo 31, 35-38)
- Rut, por su obediencia y fe, recibe una nueva familia y una nueva herencia. Rut se encuentra en el linaje de Jesús. (Rut; Mateo 1)
- David se convierte en rey. (2 Samuel 2, 5)
- Esther salva a su pueblo de la aniquilación. (Libro de Ester)
- Daniel se convierte en el segundo líder más poderoso de Babilonia, después de ser prisionero de guerra. (Libro de Daniel)
- Nehemías dirige la reconstrucción del muro de Jerusalén en un tiempo récord, sirviendo también como gobernador de la provincia. (Libro de Nehemías)
- María da a luz al Mesías. (Mateo 1, Lucas 2)
- Pablo llega a los gentiles, y como resultado, somos parte del reino eterno de Jesús hoy debido a este legado de fidelidad de las generaciones que respondieron a el llamado de Dios y usaron sus dones. (Cartas de Pablo)
- Febe sirve como líder y diaconisa del ministerio en la iglesia primitiva. (Romanos 16)
- Priscila y Aquila trabajan codo a codo con Paul, no sólo continuando su profesión como artesanas de tiendas de campaña, sino también enseñando, corrigiendo la teología de Apolos y hospedando una iglesia casera. (Hechos 18, 1 Corintios 16)
- Timoteo vence su timidez, ayudando a Pablo a plantar iglesias, alentando iglesias y proporcionando liderazgo y corrección a la iglesia en Efeso. (1 Timoteo 1, 1 Corintios 4)

Tienes toda una vida para vivir esto. Considera el ritmo de un maratón y no el de una carrera de velocidad. Es una obediencia larga. Una profunda dependencia.

Sirves con todo tu ser:
- Intereses
- Dones espirituales
- Forma única y propia de relacionarte con el mundo
- Temporada de vida actual
- Caminar con Jesús
- Habilidades
- Profesión
- Llamado(s)

Lee Colosenses 3:23-24.
¿Cómo vas a servir? Haz una lista de al menos tres cosas que este pasaje dice sobre el trabajo.

¿A quién, en última instancia, estás sirviendo?

Lee Isaías 65:14 y Lucas 10:1, 17.

¿Qué emoción común se menciona en Isaías y Lucas acerca de los que sirven?

Al final, servimos a una audiencia de Uno—Jesús. Nuestro servicio, además de añadir valor al mundo en el que vivimos, también nos trae alegría. Al entregarnos a nosotros mismos (sacrificio), nos ofrecemos en adoración al Dios Viviente y Amante. Ofrecemos gracia a los demás, al servir, siendo empoderados, llenos y rellenados por el Espíritu todopoderoso de Dios para que podamos "abundar en toda buena obra".

Recuerda **Filipenses 1:3-6.** Podemos estar seguros de que el Señor "que comenzó una buena obra en ustedes la llevará a término" a medida que entremos en obediencia a Su llamado sobre nuestra vida.

Todos los que renacen en Jesús tienen dones espirituales como resultado de ese renacimiento. TODOS. Seamos el pueblo que cree plenamente, con entusiasmo, esta verdad. Vamos a desenvolver y abrir la caja de nuestros dones... y ser únicos.

Para que no empecemos a pensar que estamos haciendo estas grandes cosas solos, tómate un momento para leer **1 Corintios 3:3-10.**

¿Qué son Apolo y Pablo, según este pasaje?

¿Quién les asignó sus trabajos, sus llamados, sus tareas?

¿Quién causa el crecimiento?

Haz una lista de al menos tres descripciones de nosotros en el versículo 9:
1.

2.

3.

El plan de Dios: tomar un montón de personas defectuosas y juntarnos y hacernos Su sacerdocio de todos los creyentes... ser ministros unos a otros, humanamente no tiene mucho sentido. Pero tiene el sentido de Dios, especialmente si la imposibilidad de la misma ha llegado completamente por medio de Su poder, Su empoderamiento, Su Espíritu morador, Su guía, Sus dones. ¿Cuánto más atractivas podrían ser nuestras iglesias si los que buscan a Dios ven que esto que se llama iglesia funciona en virtud del poder de Dios Todopoderoso? Actuemos como si fuésemos "la posesión especial de Dios" y "declaremos fielmente las alabanzas de Aquel que **nos llamó** de las tinieblas a su maravillosa luz". (1 Peter 2:9)

A aquellos de ustedes que se ofrecen como voluntarios en el ministerio en cualquier contexto de la iglesia, por favor, veanse a sí mismos como Dios los ve, dotados y equipados, sacerdotes iguales en el Cuerpo de Cristo con significado para contribuir. A aquellos de ustedes que son pagados para hacer el ministerio en su iglesia, por favor, veanse a sí mismos como Dios los ve, maestros igualement dotados y equipados en el Cuerpo de Cristo con significado para contribuir. Y por favor, por favor, véanse unos a otros como iguales y significativos.

La esperanza es que tu como creyente veas tu mundo, lugar de trabajo y vecindario, las personas con las que tienes contacto como personas a las que puedes demostrar el amor de Dios. Se trata de ver todas las oportunidades existentes justo donde estás... a tu alrededor. Tu eres el representante del Dios de la gracia, el amor y la reconciliación, dentro y fuera de los muros de tu iglesia. No estás simplemente buscando oportunidades para llegar a los demás, sino también expresando las formas únicas en que Dios te ha diseñado. Tu estás buscando ser un buen administrador de tus dones, habilidades y experiencias.

REFLEXIONA

- TOMA ALGÚN TIEMPO EN ORACIÓN sobre una o dos cosas que resaltan para ti.

REPASA LOS ÚLTIMOS CINCO DÍAS DE LA TAREA:

- En las Escrituras que leíste y tus respuestas a las preguntas relacionadas, selecciona una lección clave que hayas aprendido.
- De las preguntas de reflexión personal, selecciona una cosa que aprendiste acerca de tí mismo, tu llamado o como Dios te ha equipado.
- Transfiere estas dos lecciones a la tabla en la página 164.

Guía de discusión para grupos pequeños para la sexta semana

Poniéndolo todo junto

Día Uno: Permaneciendo

1. Analicen por qué comparar es una tentación tan grande, pero también tan tóxico para la vida en comunidad.
2. ¿Qué significa permanecer en Jesús? ¿Cómo podemos permanecer en Jesús a diario?
3. ¿Qué significa que se nos ha dado el ministerio de la reconciliación?

Día Dos: El Qué, El Cómo, y El Adonde Del Servicio

1. ¿Estás, quizá, en un momento de preparación o formación esencial para un llamado futuro? ¿Cómo puedes ser fiel en este momento en al menos una cosa sin preocuparte por la siguiente?
2. ¿A qué te llama Dios ahora? ¿Una de las historias de la lección de este día resonó contigo más que otra?

Día Tres: Posibilidades Del Ministerio

1. Si actualmente estás sirviendo en algún lugar o ves tu vocación como un lugar de ministerio, ¿qué te gusta de ello?
2. Pide a cada persona que comparta una lista de posibles maneras adicionales de aplicar sus dones y llamado. Tómate un momento para hacer una lluvia de ideas adicionales para servir o enfocar el ministerio en función de cómo Dios ha hecho a cada persona.

Día Cuatro: Otras Consideraciones Importantes

1. Después de haber hecho un balance de tu situación de vida actual, ¿dónde estás limitado por circunstancias reales y dónde estás utilizando las circunstancias como excusa?
2. ¿Qué es una cosa que podrías hacer para que tu relación con Jesús llene cada vez más tu espíritu y transforme cada vez más tu vida?
3. ¿Qué es una cosa que podrías probar en el próximo mes para experimentar con tus dones y llamado?
4. Discute el poder que se nos ha prometido y cómo esto hace toda la diferencia!

Día Cinco: Aliento y Desafío – Ministros De La Gracia De Dios

1. ¿En qué maneras te ha afirmado este estudio? o Cuál ha sido tu momento de decir "ajá"?
2. ¿Dónde ha sido este proceso particularmente difícil para ti?
3. Si Dios parece tenerte en un patrón de retención, ¿cómo puedes estar esperando activamente?
4. ¿Cuán útil es el recordatorio de que el Señor "quien comenzó una buena obra en ustedes la llevará a término"?

Ora Colosenses 1:9-12 por tu grupo/iglesia.

Poniéndolo todo junto: Actividad grupal

Dado que se trata de una lección de "ponerlo todo junto", elije una de estas actividades para hacer con tu grupo:

Tiempo Para Grupos Pequeños:
- Reúnanse como lo hacen normalmente, dedicando el tiempo adicional a la discusión, ayudándose mutuamente con claridad y proporcionando aliento y rendición de cuentas.

Reunión Fuera Del Sitio:
- Planifiquen una reunión fuera de la reunión normal en una cafetería, restaurante o en la casa de alguien y analicen juntos los aprendizajes clave durante un tiempo de comida.

Sitio Del Grupo De Facebook:
- Pídele a cada persona de tu grupo que publique sus dos lecciones clave aprendidas y una cosa que hará como resultado del estudio en una página de grupo cerrado de Facebook creada por el grupo oen un correo electrónico de grupo.
- Oren por los pasos del otro.

Notas

Un Resumen De Tu Llamado, Singularidad, Dones, Motivaciones Y Estilo

Semana	Lecciones Clave Aprendidas de las Escrituras	Lecciones Clave Sobre Ti Mismo, Tu Llamado, El Equipamiento de Dios
Semana Uno		
Semana Dos		
Semana Tres		
Semana Cuatro		
Semana Cinco		
Semana Seis		

Considera copiar esta página, arrancarla, escanearla en tu computadora portátil o tomar una foto con su teléfono, y mantenerla frente a ti donde puedas reflexionar sobre ella, recordarla, buscar la claridad de Dios y ponerla en práctica en los próximos días, semanas y meses.

Apéndice A:

Note los pasajes de las Escrituras que dan algunos detalles ya sea sobre el don o sobre alguien que usa este don. Si deseas, ve más profundo al mirar arriba y estudiar estos capítulos.

Administración

Escrituras que hacen referencia al Administración o muestran a alguien que exhibe este don:
Hechos 6 (los apóstoles nombran a los primeros diáconos para ayudar en la distribución de alimentos); Génesis (José); Éxodo 18 (Jetro, el suegro de Moisés, instruye a Moisés en una mejor organización y delegación); 1 Reyes 18 (Abdías Administrador del palacio y devoto creyente); Daniel 2 (Sadrac, Mesac y Abednego administradores en Babilonia a petición de Daniel), Daniel 6 (Daniel-uno de los tres administradores de todo el reino); 1 Corintios 12 (en el tratado de Pablo sobre los dones).

Apostolado

Escrituras que hacen referencia al Apostolado o muestran a alguien que exhibe este don:
Efesios 4 (incluidos en la lista de dones de liderazgo que se dan a la iglesia); Hechos de los Apóstoles (a través del libro de Hechos al observar a los apóstoles en el ministerio en una variedad de entornos y desafíos); Romanos 1; 1 Timoteo 2 (Pablo); 1 Corintios 12 (en el tratado de Pablo sobre la importancia y el valor de cada uno de los dones); Pablo dice que esos dones se dan con el propósito de preparar a los demás para servir a fin de que la iglesia sea fuerte ("preparar al pueblo de Dios para las obras de servicio, a fin de que el cuerpo de Cristo sea edificado". Efesios 4:11); Colosenses 1 (Pablo, un "apóstol de Cristo Jesús por la voluntad de Dios"); 2 Pedro 1 (Pedro).

Expresión Artística

Escrituras que hacen referencia a la Expresión Artística o muestran a alguien que exhibe este don:
Génesis 1-3; Juan 1:1-4 (Dios el Creador; Jesús—por medio de Él se hicieron todas las cosas; en él había vida; en Él se crearon todas las cosas); Éxodo 15 (Miriam—"entonces Miriam, la profeta, hermana de Aarón, tomó una pandereta... y todas las mujeres la siguieron danzando y con panderetas Miriam cantó..."); 2 Samuel 6, Salmos de David (David y líderes—celebrando con todas sus fuerzas delante de Jehová, cantaban al son de arpas, liras, panderetas, sistros y címbalos; David—"bailando ante el Señor con toda su fuerza"; "saltando"; "Celebraré ante el Señor"); Salmos; Juan 1; Colosenses 1.

Artesanía

Escrituras que hacen referencia a la artesanía o muestran a alguien que exhibe este don:
Éxodo 31, Éxodo 35 (Bezalel y Aholiab); 1 Reyes 7 (Hiram—"Hiram era sumamente hábil e inteligente, experto en toda clase de trabajo en bronce" para el templo que Salomón construyó); 1 Crónicas 28 (enumera sacerdotes, levitas, funcionarios y personas, pero señala a "toda persona dispuesta experta en cualquier oficio" como un grupo separado para trabajar en el templo); Nehemías 3 (orfebres, fabricantes de perfumes); Marcos 6 (Jesús—carpintero).

Discernimiento

Escrituras que hacen referencia al Discernimiento o muestran a alguien que exhibe este don:
Génesis 41 (José—"discernimiento y sabiduría"); 1 Reyes 3 (Solomon—pide a Dios un corazón discernido para gobernar al "pueblo de Dios y distinguir entre el bien y el mal"; Dios está complacido con su petición y acepta darle "discernimiento en la administración de la justicia" y un "corazón sabio y discernible"); 2 Crónicas 2 (Solomon es descrito como "dotado de inteligencia y discernimiento" que Dios le dio); Hechos 5 (Pedro discierne la intención y la deshonestidad de Ananías y Safira); 1 Corintios 12 (en el tratado de Pablo sobre los dones).

Evangelismo

Escrituras que hacen referencia al Evangelismo o muestran a alguien que exhibe este don:
El Evangelismo está listado como un don espiritual en Efesios 4—en la lista de los dones de liderazgo que se dan a la Iglesia. Pablo dice que esos dones se dan con el propósito de preparar a los demás para servir para que la iglesia sea fuerte. ("a fin de capacitar al pueblo de Dios para la obra de servicio, para edificar el cuerpo de Cristo". Efesios 4:11); Juan 1 (Felipe lleva a Natanael para conocer a Jesús; Natanael cree); Juan 12 (Unos Griegos buscan a Felipe para preguntar por Jesús); Hechos 8 (Felipe "anunciaba al Mesías" En Samaria); Hechos 8 (Felipe responde preguntas sobre Jesús del eunuco Etíope; El eunuco cree y es bautizado por Felipe); Hechos 8 (Felipe—anunciaba las buenas nuevas del reino de Dios y el nombre de Jesucristo y la gente creyó); Hechos 21 (Felipe "el evangelista que era uno de los siete"); 2da Timoteo 4 (Pablo alienta a Timoteo en el trabajo de evangelización "dedícate a la evangelización").

Exhortación

Escrituras que hacen referencia a la Exhortación o muestran a alguien que exhibe este don:
Lucas 3 (Juan el Bautista—"exhortó al pueblo"); Juan 1 (Jesús renombra a Pedro y lo exhorta sobre su futuro); Hechos 4 (José se llamaba Bernabé, que significaba "consolador"); Hechos 11; Hechos 13 (Bernabé); Hechos 13 (Pablo); Romano 12 (incluido en la lista de dones); Colosenses 4 (Tíquico fue enviado por Pablo para que "pueda animar vuestros corazones"); Hebreos 13 (el escritor dice a los lectores que "lleven mi palabra de exhortación").

Fe

Escrituras que hacen referencia a la Fe o muestran a alguien que exhibe este don:
Mateo 8 (Jesús comenta sobre la inusual fe del centurión); Mateo 9 (dos ciegos sanados por Jesús de acuerdo con su fe); Mateo 15 (la "gran fe" de una mujer cananea); Marcos 2 (Jesús sana al paralítico basado en la fe de sus amigos—"cuando Jesús vio su fe"); Romanos 4 (Abraham—"contra toda esperanza, Abraham con esperanza creyó"; "no vaciló en la incredulidad", "estando totalmente convencido de que Dios tenía poder para hacer lo que había prometido"); 1 Corintios 12 (en la lista de dones de Pablo); 1 Corintios 13 (en el mensaje de Pablo acerca de los dones sin amor, "fe que puede mover montañas"); Hebreos 11(héroes de la fe—incluyendo a Abel, José, los padres de Moisés, Rahab, Samuel—tenían "confianza en lo que esperaban y la seguridad acerca de lo que no veían").

Generosidad

Escrituras que hacen referencia a la Generosidad o muestran a alguien que exhibe este don:
Lucas 10 (el Buen Samaritano—utiliza recursos propios para cuidar a una persona lesionada; también paga por el alojamiento y la atención adicional necesaria, sin límite); Lucas 19 (Zaqueo, después del encuentro con Jesús, se compromete a dar la mitad de sus posesiones a los pobres y a pagar cuatro veces, todo lo que había conseguido a través de medios deshonestos); Lucas 21 (la viuda dio de su pobreza "todo lo que tenía"); Romanos 12 (en lista de dones); Romanos 16 (Febe—"ayudó a muchas personas" incluyendo a Pablo); 1 Corintios 13 ("si doy todo lo que poseo al pobre"); 2 Corintios 6 (Pablo se refiere a sí mismo y a sus compañeros de trabajo como "pobres pero haciendo ricos a muchos, sin tener nada y sin embargo poseyéndolo todo"); Hebreos 13 ("estén contentos con lo que tienen", manténganse "libres del amor al dinero").

Poder de Sanidad y Milagros

Escrituras que hacen referencia a Poder de Sanidad o Milagros o muestran a alguien que exhibe estos dones:
Éxodo 15 (Moisés arroja madera al agua amarga y el agua milagrosamente se vuelve apta para beber); Mateo 16 (si los fariseos exigen una señal, Jesús los llamó "perversos"); Marcos 2 (Jesús sana al hombre paralítico, "asombró a todos"; mostró que Jesús tiene "autoridad en la tierra"); Marcos 4 (Jesús calma el viento y las olas); Marcos 10 (Jesús sana a Bartimeo el ciego; sana de inmediato); Lucas 5 (redes completamente llenas; sanación del leproso); Lucas 10 (los 72 discípulos enviados por Jesús para sanar a los enfermos; demonios se someten a los 72 en el nombre de Jesús); Lucas 22 (Jesús sana el oído de un hombre); Juan 2 (Jesús convierte el agua en vino y los discípulos creen en él); Hechos 2 (Pedro habla de Jesús—"acreditado por Dios con milagros, maravillas y señales"); Hechos 3 (Pedro y Juan sanan a un hombre cojo que camina "instantáneamente" por la fe en Jesús. "Es el nombre de Jesús y la fe que viene a través de El que lo ha sanado completamente como todos ustedes pueden ver" y todos vinieron corriendo hacia ellos); Hechos 5 ("los apóstoles realizaron muchas señales y milagros entre el pueblo", entre ellos sanar a los enfermos y "a los atormentados por espíritus impuros" y "todos fueron sanados"); Hechos 6; Hechos 15 (señales y prodigios hechos entre los gentiles a través de Bernabé y Pablo); 1 Corintios 12.

Servicio

Escrituras que hacen referencia al Servicio o muestran a alguien que exhibe este don:
Lucas 10 (Marta se prepara para servir a Jesús en su hogar); Hechos 6 (siete elegidos para ayudar con la distribución de alimentos a las viudas, para liberar a los apóstoles para enseñar y orar); Romanos 12 (servicio); 1 Corintios 12; 1 Pedro 4 ("servir").

Hospitalidad

Escrituras que hacen referencia a la Hospitalidad o muestran a alguien que exhibe este don:
Génesis 18 (Abraham y Sara hospedan a los tres visitantes); Levítico 19, Deuteronomio 10 (ama al extranjero, al extraño en medio de ti); Hechos 16 (Lydia—invita a Pablo a casa, alberga una nueva iglesia); Romanos 16 (Gayo "cuya hospitalidad [Pablo] y toda la iglesia aquí disfrutan"); Hebreos 13 ("no se olvide mostrar hospitalidad a los extraños"); 1 Pedro 4 ("ofrezcan hospitalidad el uno al otro sin quejarse").

Intercesión

Escrituras que hacen referencia a Intercesión o muestran a alguien que exhibe este don:
Salmos (David—Los salmos se llaman las "oraciones de David"); Lucas 22 (Jesús interceda por Pedro, para que la fe, la fuerza, no caigan en la tentación, se haga la voluntad de Dios); Juan 17 (Jesús interceda por los discípulos: protección, poder, unidad, verdad, creencia, amor); Hechos 8 (cuando Pedro y Juan oran, los nuevos creyentes reciben el Espíritu Santo); Efesios 1; Filipenses 1; 2 Timoteo 1; Romanos 8 (el Espíritu interceda por nosotros "de acuerdo con la voluntad de Dios"); Colosenses 1 (Pablo—"No he dejado de orar por ustedes desde el día en que oímos hablar de ustedes"; oración por la fe, el amor, el poder, la esperanza, la comprensión, el conocimiento, la sabiduría, el fruto, la fuerza, la resistencia y la paciencia para ellos); Colosenses 4 ("dedicados a la oración" para abrir puertas para el Evangelio, para mayor claridad); Colosenses 4 (Epafras "siempre está luchando en oración para que ustedes" se mantenga firme, sean maduros).

Interpretación de las Lenguas

Escrituras que hacen referencia a la interpretación de las lenguas o muestran a alguien que exhibe este don:
1 Corintios 12; 1 Corintios 14 (es necesario junto al don de lenguas para que todos entiendan el mensaje; las personas con el don de lenguas pueden orar por el don de la interpretación).

Conocimiento

Escrituras que hacen referencia al Conocimiento o muestran a alguien que exhibe este don:
Éxodo 31 y 35 (Bezalel y Aholiab—llenos de conocimiento y sabiduría); 1 Reyes 7 (Hiram—hizo todos los objetos de bronce para el templo construido por Salomón—"llenos de comprensión y conocimiento para hacer todo tipo de trabajo de bronce"); Lucas 22 (Jesús sabe lo que los discípulos encontrarán cuando vayan a preparar la comida de Pascua); Juan 1 (Jesús vio a Natanael antes de que Natanael se le acercara y le dijo a Natanael algo verdadero sin antes conocerlo); Hechos (Apolo era entendido con un "conocimiento profundo de las Escrituras"); 1 Corintios 12; 1 Corintios 13; 1 Corintios 14.

Liderazgo

Escrituras que hacen referencia al Liderazgo o muestran a alguien que exhibe este don:
Éxodo (Moisés); Éxodos 18 (hombres capaces elegidos por Moisés e hechos líderes del pueblo); Números 27 (Josué—"en quién está el espíritu de liderazgo"); Deuteronomio 1; 1 Samuel 7 (Samuel, líder de Israel, "todos los días de su vida"); 2 Samuel 7 (Dios nombra); 1 Crónicas 12 ("El Espíritu vino sobre Amasay"—David lo hizo líder); Nehemías; Daniel; Marcos 10 (Jesús dice que el que quiera hacerse grande entre ustedes deberá ser su servidor, y el que quiera ser el primero deberá ser esclavo de todos); Lucas 5 (Jesús llama a los discípulos, les pide que dejen todo para seguirlo); Lucas 22 (Jesús—"Yo soy entre vosotros como uno que sirve"); Juan 1 (Jesús—"Sígueme"); Hechos (Santiago—líder de la iglesia en Jerusalén); Hechos 15 (Judas, Barsabás y Silas eran "líderes entre los creyentes"); Romanos 12; Hebreos 13 (líderes: infundan confianza, vigilen como "aquellos que deben rendir cuenta").

Misericordia

Escrituras que hacen referencia a la Misericordia o muestran a alguien exhibiendo su don:
Nehemías 9, Isaías 55, Daniel 9, Amós 5, Miqueas 7, Lucas 1 (Dios, se deleita en mostrar misericordia, la tierna misericordia de Dios); Mateo 5 ("benditos son los misericordiosos"); Mateo 9 y 20 (Jesús muestra misericordia—sana a dos ciegos); Mateo 15 (Jesús tiene misericordia de la mujer cananea y de su hija); Marcos 5; Lucas 18 (Jesús); Marcos 10 (Jesús tiene misericordia de Bartimeo ciego); Lucas 10 (Buen samaritano—se apiadó; vendó heridas, dio transporte, cuidó toda la noche, pagó gastos, "tuvo piedad de él" donde otros no lo hacían); Romanos 12; Hebreos 13 ("recuerda a los que estaban en prisión como si estuvieras junto a ellos en prisión, y a los que son maltratados como si ustedes mismos estuvieran sufriendo").

Profecía

Escrituras que hacen referencia a la Profecía o muestran a alguien que exhibe este don:
Éxodo 15 (Miriam); 1 y 2 Samuel (Samuel); 2 Samuel (el profeta Natán reprende al rey David por ordenar el asesinato de Urías y tomar a Betsabé como propia; profetiza las consecuencias a largo plazo del pecado de David); 2 Reyes 22 (Huldá—predice el desastre, la ira de Dios, la tranquilidad); Joel ("hijos e hijas profetizarán"); Amós 5 (Israel reprendido por la injusticia); Hechos 2 (David profetizó de Jesús: "vio lo que vendría"); Hechos 11 (Ágabo—predijo una hambruna severa); Hechos 13 (Bernabé, Simeón, Lucio, Manaén, Saul; también menciona a los falsos profetas).

Profecía Continuada...

Hechos 15 (Judas, Barsabás, Silas); Hechos 21 (las cuatro hijas de Felipe profetizaron); todos los profetas del Antiguo Testamento, incluyendo Isaías, Jeremías, Jonás, Miqueas, Abdías, Joel, Ezequiel, Elías, Eliseo, Habacuc; Hechos 27 (Pablo —predijo que el barco se destruiría, pero todos a bordo vivirían—"Tengo fe en Dios en que sucederá tal como él me dijo".); 1 Corintios 12; 1 Corintios 13; 1 Corintios 14 ("habla a la gente para su fortalecimiento", ánimo, consuelo, edificación de la iglesia; convicción de pecado; "desnúdense los secretos de los corazones", "el mensaje debe ser sopesado por otros", indica); Efesios 4; 2 Pedro 1 (Pedro—"Yo sé... porque Jesús me lo dejó claro"; "También tenemos el mensaje profético como algo completamente confiable, y harás bien en prestarle atención, en cuanto a una luz que brilla en un lugar oscuro, hasta que el día amanece y la estrella de la mañana se eleva en tus corazones".); 2 Pedro 1 ("Ante todo, tengan muy presente que ninguna profecía de la Escritura surge de la interpretación particular de nadie. Porque la profecía no ha tenido su origen en la voluntad humana, sino que los profetas hablaron de parte de Dios, impulsados por el Espíritu Santo").

Pastorado

Escrituras que hacen referencia al Pastoreo o muestran a alguien que exhibe este don:
Éxodo (Moisés); Salmo 78 (David—pastoreó a su pueblo con "integridad de corazón" y "manos hábiles"): Juan 10 (Jesús—el Buen Pastor; llamadas por nombre, conduce, va delante de, las ovejas siguen, encuentran pastos, la vida a plenitud, protector, da vida para); Jeremías 3 (Dios promete dar a su pueblo "pastores" según Su propio corazón que dirigirá "con conocimiento y comprensión"); Ezequiel 34, 37; Hechos 18 (Priscila, Aquila, y Apolos—lo invitó a su hogar y "le explicó el camino de Dios más adecuadamente", para prepararlos aún más para el ministerio); Efesios 4; 1 Pedro 5 (Jesús; ancianos: vela por el rebaño, dispuesto, deseoso de servir, "no ser tiranos con los que están a su cuidado", sed un ejemplo, humildes).

Enseñanza

Escrituras que hacen referencia a Enseñar o a mostrar a alguien que exhibe este don:
Éxodo 35 (Bezalel y Aholiab—"capacidad de enseñar a los demás"); Evangelios—Jesús; Marcos 2; Marcos 4; Juan 17 (Jesús—"Les he dado tu palabra...y lo aceptaron"); Hechos 5 (los apóstoles "nunca dejaron de enseñar"); Hechos 11 (Granero, Saúl); Hechos 13 ("profetas y maestros", Bernabé, Simeón, Lucio, Manaén, Saulo; Hechos 18 (Apolo); Hechos 18; Romanos 1 (Pablo—persuadir, predicar, testificar); 1 Corintios 12; 1 Corintios 14 ("palabra de instrucción"); Efesios 4; Colosenses 1 (para "presentar a todos plenamente maduros en Cristo"); 1 Timoteo 2; 2 Timoteo 2 ("Encomienda a personas confiables que también estarán calificadas para enseñar a los demás", "maneje correctamente la palabra de verdad", "líder en el conocimiento de la verdad"); Santiago 3 (no muchos deben ser maestros porque serán juzgados más estrictamente); 1 Pedro 4 ("habla las mismas palabras de Dios").

Lenguas

Escrituras que hacen referencia a Lenguas o muestran a alguien que exhibe este don:
Hechos 2 (Pentecostés: todos estaban llenos del Espíritu Santo y "comenzaron a hablar en otras lenguas como el Espíritu les permitió" y los visitantes—cada uno—escucharon que su propio idioma era hablado "declarando las maravillas de Dios"; lenguas reales de las naciones); 1 Corintios 12, 1 Corintios 13 ("Si hablo en las lenguas de los hombres o de los ángeles..."); 1 Corintios 14 ("no habla a la gente sino a Dios"; si nadie entiende, se necesita uno con el don de la interpretación de lenguas; lenguas "pronuncian los misterios del Espíritu"; destinados a "sonar un llamado claro" al pueblo de Dios); 1 Corintios 14 (Pablo dice que tiene este don).

Sabiduría

Escrituras que hacen referencia a la sabiduría o muestran a alguien que exhibe este don:
Génesis 41 (José); Éxodo 16 (Jetro, Moisés); Éxodo 31, 35 (Bezalel y Aholiab); 1 Reyes 3 (Solomon); 1 Reyes 7 (Hiram—"lleno de sabiduría"); 2 Crónicas 2, Hechos 6 (Esteban, "lleno del Espíritu y de la sabiduría", los líderes "no podían oponerse a la sabiduría que el Espíritu le dio al hablar"); 1 Corintios 12; palabra de sabiduría (Pablo—"enseñar a todos con toda sabiduría"); Santiago 3 (la sabiduría que viene del cielo es pura, amante de la paz, considerada, dócil, llena de misericordia, imparcial, sincera, llena de buen fruto, humilde).

Apéndice B
Guía del Líder

Dios te bendiga por asumir la posición de líder de un grupo pequeño o algo grande para este estudio. Estas son algunas sugerencias a medida que utilizas este material:

- Ora antes de hacer cualquier planificación, invitación, preparación.
- Prepárate con suficientes materiales y con suficiente antelación para que cada persona tenga su propio libro.
- Invita a las personas a participar. Se claro en el tiempo, las expectativas (sobre la asistencia, la finalización de la tareas, la participación, etc.).
- Elije una hora y un lugar conveniente para la mayoría del grupo.
- Considera la posibilidad de proporcionar refrigerio en la primera reunión. Pide a los demás miembros del grupo que se turnen para proporcionar refrigerios en cada reunión futura.
- Durante la primera reunión, analicen las normas del grupo o los compromisos juntos como grupo.
- Ven preparado para dirigir el grupo, principalmente como facilitador de la discusión. Haz todos los deberes. Haz cualquier investigación adicional que te resulte útil. Biblegateway.com es un gran ecurso al igual que Strong's Concordance en línea disponible a través de Biblehub.com.
- No envíes el mensaje de que tu es la "persona respuesta" o "sabelotodo". Sé un facilitador para que el grupo aprenda los unos de los otros.
- Utiliza las guías de discusión para grupos pequeños que se proporcionan al final de las lecciones de cada semana para ayudarte en tu preparación o en tu facilitación.
- Facilita la participación de todos. A las personas más tranquilas o calladas, pídeles que compartan su(s) respuesta(s) a una pregunta en particular para obtener su opinión o que lean un pasaje en voz alta. Para aquellos que parecen querer responder todo o hablar mucho, anímelos a esperar hasta que otros hayan compartido. (Es posible que también debas llamar a estas personas para tener esta conversación aparte si se convierte en un problema en el grupo.)
- Abre con una oración.
- Cierra con una oración.
- Rota quién ora, si la gente se siente cómoda haciéndolo.
- Mantén la conversación centrada en las Escrituras y en Jesús. Redirige las tangentes, especialmente aquellas que no contribuyen al tema.
- Haz un seguimiento uno a uno con cada persona del grupo en algún momento durante el estudio de seis semanas para ver cómo están y dónde podrían estar confundidos o luchando.
- Considera la posibilidad de co-liderar el estudio para que no sientas que lo estás haciendo solo.

Apéndice C
Cómo implementar este proceso de descubrimiento en tu iglesia

1. Crear un equipo de oración que comenzará a orar por el proceso de descubrimiento y los esfuerzos de planificación. Invita a orar a las personas que son apasionadas por equipar, capacitar y ver a todos los involucrados en relaciones y servicio significativo en su iglesia y la comunidad alrededor.

2. Invita a personas clave a estar en tu equipo de ministerio de capacitación o en el equipo de descubrimiento. Estas son personas que también ven la importancia de tener este proceso intencional, aquellos que están dispuestos a hacer la colaboración, la creación y la implementación, y aquellos que tienen la influencia en áreas vitales en su comunidad eclesial.

3. Obtén apoyo de los líderes principales: pastores, jefes de departamento, otro personal, concilio, junta(s), líderes clave.

4. ¿Al pensar bien sobre este proceso, observa si el enfoque de la iglesia es simplemente "enchufar a la gente" o trata de "formar discípulos más eficazmente"? ¿Hay una cultura en la organización que solo trata de llenar espacios? ¿O más bien es una cultura que se centra en ayudar a las personas a entender y vivir en el alto llamamiento descrito en 1 Pedro 2:9: USTED es un "sacerdocio real"?

5. Considera un enfoque de dos puntas de lanza: una que se centra en equipar a la congregación para una participación significativa y una que se centra en los pastores, el personal y los líderes del ministerio para alentarlos a adoptar la misma mentalidad de equipar/capacitar y hacer espacio para los demás en el ministerio. (Efesios 4:11-13)

6. Se claro en tu visión y misión. (Véase la muestra en este apéndice). También toma tiempo, con tu equipo, para articular conceptos clave, establecer metas específicas del ministerio de capacitación y desarrolla un plan de acción realista, pero desafiante.

7. Crea descripciones de trabajo para todas las oportunidades de ministerio en tu iglesia (y en la comunidad). Muchos de estos probablemente ya existen. Reúnanlos. Mira lo que falta y rellena los huecos. Consiga que los líderes del ministerio ayuden con esto. Ayúdeles a entender la importancia de invitar a una persona específica a trabajos con descripciones de puesto detallados. Todo el proceso mejora de principio a fin una vez que esto está en su lugar.

8. Ofrece el curso *Dios. Dones. Tú.* como una serie de seis semanas en un momento que atraerá al menos diez personas a tu primera clase.

9. Promueve la participación en la clase y el proceso de descubrimiento de llamamientos/dones, para que las personas puedan descubrir y/o aclarar aún más sus dones para el ministerio y para aprender el idioma del Cuerpo de Cristo. A medida que lo hagas, recopila dones, intereses, habilidades, experimente información de cada persona y desarrolle una base de datos. Además, proporciona entrenamiento a las personas que buscan conectarse. Eventualmente, es probable que desees tener un equipo de descubrimiento de enseñanza y organización y un equipo de entrenamiento, pero, desde el principio, las personas en tu equipo de visión pueden necesitar llenar estos puestos hasta que encuentres miembros adicionales.

10. De las descripciones de puestos de trabajo recopiladas, conecta a las personas en tu curso de *Dios. Dones. Tú.* Conecta a las personas a las posiciones que son las más adecuadas para ellos en términos de su vocación y dones. Nota: El lugar o trabajo que mejor se ajuste puede estar fuera de las paredes de su iglesia.

11. Asegúrate de que cada invitación al ministerio se base en una descripción del trabajo, una invitación intencional y personal, y un seguimiento.

12. Entrevista a todos los que están invitados e interesados. Escucha. Asegúrese de que conocen las expectativas y el apoyo que se les proporcionará. Escucha y observa si hay coincidencia entre sus intereses, dones y experiencia de vida. Con espíritu de oración, decide. Recuerda, la desesperación nunca sirvió a nadie. Es mejor dejar una posición sin llenar por un tiempo que empujar a alguien hacia algo que no se ajusta bien a sus dones y llamado.

13. Realiza filtrados y gestión de riesgos necesarios. Verificaciones de antecedentes, referencias, etc. deben ser obligatorios en algunos contextos de servicio. Recuerda proteger a las poblaciones más vulnerables y a tus voluntarios.

14. Una vez que alguien es invitado a servir y acepta, la orientación y la formación son esenciales. Ten un plan de orientación y capacitación en su lugar o verifica que cada ministerio tiene ese plan.

15. Determina qué tipo de comunicación continua, educación continua, evaluación y reconocimiento son necesarios. Una de las principales razones por las que las personas abandonan sus puestos de voluntarios es que no se sienten apreciadas o reconocidas.[5]

16. El objetivo es hacer bien todo lo anterior es para que conserven a largo plazo a estas personas como pares iguales, como socios del ministerio y creciendo en Cristo.

En las siguientes páginas del Apéndice C, encontrará estos recursos adicionales:

- Misión, visión e información general sobre un esfuerzo para un ministerio de capacitación.
- Consejos para que las personas se conecten a acciones de servicio.

Ministerios para Equipar Conectar Servir
"equipando y conectando a personas para el servicio"

MISION ECS:
Fomentar una cultura donde todos los que están en nuestra iglesia entiendan y vivan utilizando sus dones únicos para el ministerio, y ayudarlos y alentarlos a encontrar lugares de servicio significativos.

VISIÓN:
ECS se esfuerza por ayudar a las personas a descubrir el papel que Dios tiene para ellos y descubrir cómo Dios les ha equipado y capacitado para servir de manera única. Nos conectamos con la visión más amplia de ver a toda nuestra familia de la iglesias crecer en la imagen de Jesucristo, entender sus papeles en el Cuerpo de Cristo, glorificar a Dios, servir a los demás en su nombre, como un acto de adoración, y crecer espiritualmente a través de la fidelidad en el servicio.

ECS KEY CONCEPTS:
- Todos los miembros del Cuerpo de Cristo comprenden y viven sus dones únicos para el ministerio.
- Todos están invitados a la aventura de encontrar lugares de servicio significativos.
- Todos los creyentes son llamados por Dios a vivir vidas de servicio. Todos son ministros.
- Dios da dones espirituales a todos los creyentes, potenciados por Su Espíritu Santo.
- Cristo es la Cabeza del Cuerpo, la iglesia.
- La función del personal es equipar y pastorear a la congregación para el servicio para que todos crezcan hasta la madurez en Cristo.
- Estamos destinados a vivir como un cuerpo de creyentes interdependiente.
- Nuestro servicio está destinado para glorificar a Dios y fortalecer la iglesia.
- El servicio produce crecimiento en la persona que sirve. Servir nos ayuda a crecer hasta la madurez en Cristo.
- Estamos llamados a ser buenos administradores de nuestro llamado, dones y habilidades.
- Servir es un acto de adoración.
- Servir es una respuesta fiel y agradecida a un Dios generoso.
- Todos comprenden y actúan de acuerdo con el concepto de "sacerdocio de todos los creyentes" (1 Pedro).
- Cada persona puede descubrir, comprender y utilizar sus dones espirituales, intereses, forma de relacionar, vocación, profesión, talentos y experiencias de vida en el ministerio.
- "Ministerio" es lo que se hace dentro y fuera de las paredes de la iglesia.
- La utilización efectiva de los voluntarios es esencial para que seamos eficaces en el ministerio al que Dios ha llamado a nuestra iglesia. Esto incluye reclutamiento apropiado, capacitación, orientación, supervisión, aliento, desafío y aprecio.
- El servicio a la comunidad es significativo, útil y auténtico. Influye en los demás y atrae a los demás a Jesucristo.
- Participación en el ministerio y mayordomía/generosidad están íntimamente conectados.

LÍDERES DEL MINISTERIO:

Como líder del ministerio, tienes el privilegio de invitar a las personas a la aventura de vivir como seguidores de Cristo en cada rincón de sus vidas. Ayudar a las personas a ver toda su vida como ministerio, no sólo lo que se hace en el contexto del domingo o de la iglesia, es un gran don que puedes dar al discipular e involucrarlos en tu área de ministerio de varias maneras. Esto implica:

- Invitar a las personas a entender que todo lo que hacen puede ser valorado como obra para Dios.
- Invitar a la gente a encontrar gozo en el servicio.
- Invitar a la gente a entender que su servicio es una forma de adoración.
- Invitar a la gente a ver que son "dadores de gracia".
- Invitar a las personas al llamado de Dios de servir.
- Invitar a las personas a la aventura de descubrir y usar los dones únicos que Dios les ha dado.
- Invitar a las personas a ser parte integral de la comunidad única y diversa que es el Cuerpo de Cristo.

Conseguir que las Personas se Conecten

Encuentre un lugar para **NUEVAS personas** en el ministerio, especialmente nuevos miembros y visitantes—aquellos que están "con entusiasmo y quieren ir hacia adelante". Crea formas de recopilar su nombre y la información de interés y luego ponte en contacto con ellos y contáctalos tan pronto sea posible.

Crea un proceso de descubrimiento de dones espirituales en tu iglesia.

Crea una **lista de oportunidades de ministerio** y pide a cada área del ministerio que proporcione "ofertas de trabajo". Alienta a todos los ministerios a estar siempre pensando en dónde están sus carencias y qué tipo de persona podría ayudar a llenar esos vacíos. Asegúrate de que estas necesidades están en la lista de opportunidades y, cuando alguien muestre interés, haz un seguimiento con ellos lo más pronto posible.

Si tu iglesia ofrece lugares de conexión/compañerismo/aprendizaje (grupos pequeños, clases, tutoría, etc.) con una política de "silla abierta", considera la posibilidad de **crear una lista de oportunidades de aprendizaje/ comunidad** para facilitar a las personas la búsqueda de esos lugares de conexión.

Crea y haz uso de una base de datos. ¡Pide a las personas que proporcionen información sobre sus intereses ministeriales, talentos, dones, etc. y crea una base de datos para toda la iglesia que se pueda utilizar para encontrar a la persona adecuada para el trabajo correcto!

Comunica las necesidades y áreas para que las personas sirvan. Utiliza todos los métodos de comunicación, sabiendo que la repetición ayuda. Nunca suene desesperado, y siempre deje que la gente sepa los beneficios de involucrarse. Utiliza las redes sociales, el sitio web de su iglesia, el directorio telefónico de su iglesia, boletines, anuncios de púlpito, correos electrónicos, mensajes de texto, volantes y comunicación cara a cara y el teléfono.

Conéctate de maneras significativas con la comunidad. Agrega a tu lista de oportunidades de ministerios información sobre organizaciones locales sin fines de lucro con necesidades y oportunidades. Construye relaciones continuas con estas organizaciones.

Proporciona un día de servicio anual o más a toda la Iglesia, una gran manera de construir comunidad en tu congregación y amigos, así como servir de maneras tangibles donde hay necesidades. Comience primero con las agencias y organizaciones externas con las que tiene una relación.

Invita a las personas a involucrarse en base **a los dones y la pasión por el ministerio.** Asegúrate de que lo que les pides que hagan no es sólo se "ajusta" bien, sino que también es significativo y apreciado.

Shirley Giles Davis ha sido parte del personal de la Grace Commons Church de Boulder como Directora del Ministerio Equipar Conectar Servir desde 1999, conectando a las personas con oportunidades de servir y lugares de aprendizaje y compañerismo. Ella cree que descubrir y desarrollar los dones es vital para crecer hasta la madurez en Cristo, y que el servicio es un componente clave del desarrollo espiritual y la construcción de la comunidad. Ha enseñado cursos de dones espirituales a más de 3.000 participantes, y ha entrenado a equipos de maestros, consultores, ancianos, diáconos, estudiantes universitarios, estudiantes de secundaria y personal. Lo más destacado de su tiempo en la Primera Iglesia Presbiteriana incluyen coordinar los Días De Trabajo Anuales de la Escuela Primaria Columbine (desde 2005) y ayudar los esfuerzos de la iglesia para dar respuesta a la emergencia y desastre ocasionados por el Huracán Katrina (del 2005 al 2010).

Shirley también es consultora/facilitadora/escritora/entrenadora de vida con más de 25 años de experiencia en cada arena. Tiene experiencia en organizaciones sin fines de lucro, gobierno y gerencia de negocios, liderazgo, mercadeo, planificación estratégica, evaluación e implementación. Shirley ha trabajado con una clientela diversa, incluyendo grandes y pequeñas empresas, gobiernos de ciudades y condados, organizaciones estatales y nacionales, y instituciones religiosas y seculares. Como ex directora ejecutiva que supervisaba las relaciones con 228 agencias y miles de personas, encabezó la capacitación en gestión y asistencia técnica a ejecutivos de organizaciones sin fines de lucro. Su amplia experiencia en medios de comunicación, trabajando para estaciones de radio y televisión durante más de 20 años, añaden competencias en comunicaciones y relaciones públicas a todo lo que hace. Otras capacidades que aporta a la mesa incluyen el desarrollo del plan de estudios, navegando cambios, la construcción de comunidades, manejo de conflictos, la gestión de voluntarios y la recaudación de fondos.

Actualmente, Shirley es parte de los equipos de la facultad para el Instituto Nacional de Sheriffs (desarrollo de liderazgo ejecutivo), el Instituto de Equipación (Grupo de Publicación), la Serie de Seminarios de Liderazgo sobre Gestión de Voluntarios (diseñado para líderes de la iglesia y ejecutivos), y Sus Clases de Diseño Único. Es autora y ha publicado sobre una variedad de temas. Shirley tiene títulos de la Universidad de Stanford y la Universidad de Boston, y se graduó del programa de comunidad de ejecutivos de IBM sobre Excelencia en la Gerencia, capacitación y entrenamiento del Centro de Mediación de Conflictos Terreno Común, capacitación de Stephen Ministry sobre escucha y capacitación de Dirección Espiritual.

Shirley ha estado casada con Rob, profesor de Ingeniería Química y Biológica en la Universidad de Colorado, desde 1982. Tienen dos hijas adultas, Grace (antropóloga/primatóloga) y Allie (ingeniero civil). A todos les encanta viajar, y han logrado visitar muchos paises en los últimos 10 años.

Para comunicarse con Shirley para hacer un retiro de dones espirituales para su iglesia, por favor envíele un correo electrónico a sgdavisetc@comcast.net.

Estoy inmensamente agradecida de Anna Strom de Jiménez por su trabajo traduciendo la mayor parte de este libro al español (con la ayuda de su esposo Guillermo, su madre y Graciela Zúñiga).

Notas Finales

[1] Dictionary.com, definiciones de llamado.

[2] Estas definiciones provienen de Todas las Mujeres de la Biblia y Todos los Hombres de la Biblia, se accede en los recursos de BibleGateway.com.

[3] https://www.brainyquote.com/quotes/authors/m/michelangelo.html, Citas de Michaelangelo.

[4] https://www.barna.com/research/survey-describes-los-espiritual-gifts-that-christians-say-they-have/, por The Barna Group Ltd., 2009.

[5] Don Simmons, Experto en Gestión de Voluntarios, consultor senior de Creative Potential Consulting, adaptado de un volante recibido en una Conferencia de la Red de Liderazgo.

www.ingramcontent.com/pod-product-compliance
Lightning Source LLC
Chambersburg PA
CBHW050658110426
42739CB00035B/3449